中国古典名著译注丛书

周易经传译注

李　申　主撰

王　博　王德有
郑万耕　廖名春

同撰

中华书局

图书在版编目(CIP)数据

周易经传译注/李申主撰. —北京:中华书局,2018.1
(2023.11 重印)
(中国古典名著译注丛书)
ISBN 978-7-101-12992-2

Ⅰ.周⋯ Ⅱ.李⋯   Ⅲ.①《周易》–译文②《周易》–注释
Ⅳ.B221

中国版本图书馆 CIP 数据核字(2017)第 303932 号

书　　名	周易经传译注	
主　　撰	李　申	
同　　撰	王　博　王德有　郑万耕　廖名春	
丛 书 名	中国古典名著译注丛书	
责任编辑	邹　旭	
责任印制	陈丽娜	
出版发行	中华书局	
	(北京市丰台区太平桥西里 38 号　100073)	
	http://www.zhbc.com.cn	
	E-mail:zhbc@zhbc.com.cn	
印　　刷	大厂回族自治县彩虹印刷有限公司	
版　　次	2018 年 1 月第 1 版	
	2023 年 11 月第 4 次印刷	
规　　格	开本/880×1230 毫米　1/32	
	印张9¾　插页2　字数 232 千字	
印　　数	13001–14500 册	
国际书号	ISBN 978-7-101-12992-2	
定　　价	40.00 元	

序

　　易学的根基，全在《周易》一书。古往今来对《周易》的注释，汗牛充栋不足形容其盛。其中不乏精品力作，自然也有混珠之鱼目。为给世人提供一个较为可靠的今译读本，东方国际易学研究院组织了专门的译注小组，在译注中遵循历史主义的原则，力图澄清以往释注中将经、传、学混为一谈的学风，为《周易》的释注开辟新的途径。小组同仁兢兢业业，数历寒暑，不敢有过高奢望，唯有认真负责。杀青付梓之日，视之尚忠实于原著。其间博采各家之长，不乏为前人所未发之新意，故有为中外学者参考之价值。译文通顺，注释简明，所以也是普通读者之良友。然而，《周易》经传形成的历史背景颇为复杂，达诂不易得。不当甚或错误之处，尚请读者不吝赐教。

朱伯崑　于 2004 年春

目　录

译者说明

一 历史的回顾和本译本的基本原则

本译本是东方国际易学研究院的重点科研项目。根据研究院的决定,组织了由王博、王德有、李申、郑万耕、廖名春等五人组成的译注小组,李申任组长。

译注工作从 1998 年底开始。分《易经》六十四卦为五部分:首卦乾至履,十卦;第十一卦泰至无妄,十五卦;第二十六卦大畜至解,十五卦;第四十一卦损至归妹,十四卦;第五十五卦丰至未济,十卦。分别由王博、廖名春、郑万耕、李申、王德有承担。每人先译出初稿,然后由大家讨论。讨论会每月一次,历时两年有余,基本讨论完毕,最后由李申统一整理成稿。《易传》部分,《系辞传》由郑万耕和王德有分译上下传,《说卦》、《杂卦》、《序卦》三传则由李申译出。最后由李申统稿并修改。

《易经》的文字古久简要,在当时可能是非常明了的文字,对于后人来说简直就无法知晓。有的字义就不明确,比如无妄卦六二爻辞有"不耕获",是不耕而获,还是不耕也不获,还是不耕也不指望收获?从古以来的注家都各执一词。字义难以明确,要据此说明吉凶祸福的道理,也就难以准确。有的是字义明确,但不明白为什么如此。比如贲卦初九爻辞"贲其趾,舍车而徒"。为什么舍车而徒?《小象传》说是"义弗乘",似乎是为了正义。有人说是为了炫耀他的花鞋。究竟是什么原因？所有的解释几乎都是一种猜测的性质。既是猜测，其可靠性也就难以保证了。这样的例子，在《易经》中可以说是比比皆是。至于文字错讹，更是必有之事，如今所见的几种版本，文字就不全同。谁是原貌？也难以定准。人们常说："诗无达诂。"其实，《易》与《诗》相比，可说是更难有达诂。所以就我们所见，古代几乎所有的注家，包括著名的王弼、朱熹等人，在那些文字难解的地方，也往往是"王顾左右"，撇开文字，去讲说什么爻象爻位。这样，在1911年之前的那些注本，几乎没有一本是逐字逐句解释文义能供我们全程参考的。

西方学术传入之后，学者们运用考古学、文字学的方法，对《易经》的文字进行清理。从闻一多、郭沫若、顾颉刚等先生开始，至今还在进行，并且取得了许多为人称道的成绩，同时也出现了一些并不令人信服的解释。比如顾颉刚先生考出，晋卦卦辞"康侯用锡马蕃庶"本是一个故事，说的是周武王之弟康叔用周王赏赐的马匹进行繁殖；高亨又引申为康侯把战胜俘获的许多马匹献（锡）给周王。又如高亨先生认为经文中的贞就是卜，占问的意思；亨就是享，祭祀的意思，等等。在这种方法的基础上，出现了高亨先生的《周易古经今注》和《周易大传今注》、李镜池先生的《周易通义》等影响较大的著作。

这些著作的本意，是在追求《易经》文字的本来含义。其方法，是考古学和文字学的。然而，考古学本身，也有它的局限，比如周武王确有一个叫做康叔的弟弟，但是《易经》中的康侯是否就是这个康叔？也需有其他的佐证。商朝的王亥曾经在易国丧失牛羊，但《易经》中的丧牛、丧羊是否就指此事？别人会不会也有丧牛于易之事？也难以定论。文字学的方法，也有局限。所谓文字学的方法，就是说，在原文难以理解的情况下，可利用相通或假借的字进行解释。这种情况是有的，比如"说"，就是"悦"或者"脱"。然而,这种方法运用得太广泛,就难免带有主观性。某字借为某字,某字再借为某字;某字与某字相通,某字又再与某字相通。这样的通假下去,就造成了一种新的解释方法。这种方法之失,谓之"穿凿",即在本来不通的地方着意穿通或凿开一个洞,使它们相通。在这种方法的基础上,也难以追寻到《易经》的本义。

《易经》是一部占卜书,其中的卦爻辞多是一些具体的事件或现象。然而作者的目的不是记事,而是要通过这些事件或现象中含蕴的道理,去说明吉凶祸福。这样一来,那些具体的事件或者现象就具有了一般的或者说是普遍的意义。然而这样的事例或者现象为什么具有那样的普遍意义?古人的注释多着力于这一方向。这些注释,对于我们理解《易经》中的道理,至今仍有重要的参考价值。然而,经文的道理是通过文字表现的,要弄清那些词句的意思,首先要弄清那些文字的意思。在这一点上,虽然古人较今人离《易经》问世时较近,但却不如今人在考古和文字方面研究得认真和深入。而且即使对于汉魏的学者来说,《易经》也是一部古书,我们今天看不懂的地方,有的他们也看不懂。这样,今天的学者虽然比汉魏唐宋的学者晚生千余或数百年,但由于认真地进行了考古和文字学的研究,所以得见前人所不曾见的资料,其中的成果也是本书的重要参考。

然而无论古今,注《易》的著作都汗牛充栋,都参考到是不可能的。虽然有些无名之辈也可能有正确的见解,然而,那些影响深远的著作,毕竟才是时代的代表。所以本书只能着重参考那些重要的《易》注以及译本。在这些注译本理解冲突的地方,本译本将择善而从,并在认为必要的地方,注明重要的对立见解。

这样,就形成了本译本的基本工作原则。这个原则是:以古今重要的注译本为参考,以说明卦爻辞含蕴的道理为目的,一般不对卦爻辞的内容做过分的、根据不足的推求。并因此也尽量以通行本文字为准,一般不用或者尽量少用通假字来解释文义。

从这个原则出发,也表现了本译本的目的,那就是向广大读者传达《易经》文字中所讲的道理,或者说,是传达古往今来学者们较为一致地认为《易经》文字所蕴含的道理。它不是一部考证《易经》本来面貌、解读《易经》文字本来意义的学术专著,尽管它要以《易经》本貌和《易经》文字的本来意义为基础。在涉及本貌和本义的地方,多数情况下,本译本只能以那些古今名著为据。

虽然如此,参加译注工作的,毕竟都是以传统文化研究为职业的,所以也不免有自己的一孔之见。这些一孔之见有些也体现于译文之中,所以有必要给读者略加介绍。

二　《易经》的思想价值

一、《易经》每卦皆大体围绕一个中心内容。

《易经》每一卦,都大体有个中心内容。这仅仅从卦的文字上就可以看得出来,以致高亨于《周易古经今注》中列表说明,卦名乃是依据筮辞而题。卦名是不是依据筮辞,可另讨论。但由此可以看到每卦皆大体有一中心内容,则不会离题太远。

二、每卦的中心内容,又往往依据爻位由下到上的初、二、三、四、五、上的画卦顺序,呈现出某种递进的态势。

这一点,以乾卦和渐卦最为明显。乾卦从初爻到上爻又到用爻,描述了龙由潜到飞升到亢进的运动过程。渐卦则描述了鸿从水中到岸上再飞上天空的运动过程。然而,这种内容的递进,并不限于乾、渐等卦。其他各卦,都有某种程度的内容递进过程,只是没有乾、渐等卦的鲜明、完整罢了。这一点,读者在阅读中自会体会。

三、二、五两爻被安排为重要的爻位,上爻则往往安排为穷极将变的内容。

这一点,比起第二点更加隐晦,也更加不完整。然而细心体会,也不难发现编排者的苦心。

这种情况说明,今日所见《易经》的文字,确实是经过了某人的精心编排。这些编排说明,编排《易经》的思想家(们),已经具备了相当丰富、相当深刻的关于社会、人生的知识。他们已经能够按照事物的性质,将人生和社会问题归结为六十余类。并且认识到,每一类问题,都有某种程度的发展过程。而在发展中,有些环节是比较重要的。而事情发展到极点时,往往会出现向相反方向的变化。至于整个经文的安排,从乾、坤开始,接着是屯、蒙,经过需、讼、师、比等等,到既济、未济结束,体现了编排者对世界万物发展变化的总体认识。这个认识充满了合理的、辩证法的思想,由于学界对此已经说得颇多,就无须我们置喙了。不过由此也可以说,《周易·序卦传》对卦序的解释,也是大体正确的。如果《易经》确实成书于周代初年,并且就是这样的编排,那么,当时我中华民族已经达到的思想高度,是应该有充分估价,并且应该载入哲学发展史册的。

四、对吉凶悔吝的说明都有一定的道理支持。

《易经》是部占卜书,并且是上层人物,或者说,就是天子、王室或者朝廷之上的人们所用的占卜书。后来,能够运用《易经》进行占卜的,才扩大到诸侯,再后才及于一般士人。至于民众,从《易经》成书至今,几乎从来无人真正用《易经》进行过占卜。他们所能应用的,最多是由《易经》演绎而来的各种变种。

因此,《易经》的占卜所面对的,就不是一般的神祇,而是最高的神祇,是上帝。占卜的目的,就是要从上帝那里获得指示。简单的头脑所创造的上帝,也是个头脑简单的上帝,它只需说明是吉是凶即可;复杂的头脑所创造的上帝,其思想也要复杂得多。《易经》中,吉凶悔吝,一般都有某种道理的支持,而不仅仅是告诉人们个吉凶了事。神祇和上帝当然是不存在的,我们从这些神祇或者说上帝的指示中,所看到的乃是我们古人已经高度发达的智慧。这种智慧在神的名义下告诉人们说,你行为的后果,决定于你的行为本身。坤卦《文言传》说:"积善之家,必有余庆;积不善之家,必有余殃。"可说是集中概括了《易经》吉凶悔吝的精髓。

这也就是说,吉凶悔吝,不仅是神祇、上帝的赏罚,更重要的,是你自己行为的后果。或者说,神祇、上帝,也是根据你的行为善恶而决定赏罚的。那么,真正决定你命运的,乃是你自己。这样一种观念,乃是低级、原始的传统宗教向高级的人为宗教转变的重要内容之一。和其他民族相比,可说中国较早地完成了这个转变。在人类思想发展史上,这是值得骄傲的事情,也是《易经》对我国古代思想发展所做出的重要贡献。

在我们肯定《易经》思想价值的时候,我们也有必要申明,《易经》只是我们众多文化遗产中的一部分,把《易经》说成是中国文化之源,说其他的文化创造都是来自或者根据《易经》,就过分夸大了。

至于《易传》的思想价值,研究者已经很多,我们也不必置喙了。

三　对几个具有普遍意义的问题的认识

一、卦名与卦辞

卦名是卦辞的一部分。

依据这样的见解,曾被认为是失落了卦名的卦,就很容易的得到了解释。这几个被认为失落了卦名的卦是:履、否、同人、艮。这几卦的卦辞分别是:

履虎尾……

否之匪人……

　　　同人于野……

　　　艮其背不获其身……

　　如果认卦辞的第一字为卦名,则卦名未失落,而卦辞亦完整。

　　还有两卦,或认为是卦辞缺字。比如:

　　　大有,元亨。

　　　中孚,豚鱼吉。

　　即认为"元亨"前缺"大有"二字,"豚鱼"前缺"中孚"二字。因为这两卦,只有加上这两字,才好说明卦义。然而,只要把卦名计入卦辞,则缺字问题也就不存在了。

　　此外,还有几卦,也只有把卦名计入卦辞,卦义才好解释。比如:

　　　观,盥而不荐……

　　　夬,扬于王庭。

　　　姤,女壮,勿用取女。

　　　丰,亨,王假之……

　　至于其他卦,虽然卦名与卦辞的联系不如上述诸卦紧密,但是它们与卦辞是一个整体,则也当顺理成章。

　　二、元吉与大吉

　　元吉与大吉有别。

　　元,本义是始。汉代刘向就认为元吉就是始吉:"《易》曰:'涣其群,元吉。'涣者,贤也。群者,象也。元者,吉之始也。"(《说苑·奉使》)其后侯果曾释元吉为大吉(见《周易集解·益六二象》)。而一般汉魏学者,包括王弼,也包括侯果,则一般不加注释,而直接沿用"元吉"的概念。唐代孔颖达《周易正义》,释元为大:"元,大也。"(《周易正义·坤六五》)此后,以元为大,得到了多数学者的承认,包括程颐和朱熹。程颐认为,元,是"大而善"(《程氏易传·坤六五》)。今天的学者,也多以元为大。

　　然而,《易经》中"元吉"之外,还有"大吉",其数量都不少(元吉15处,大吉5处)。因此,元吉之外的大吉不是偶然的用词,而应是一种常规。那么,这两个概念既然都并列地经常使用,就应该有所差别。否则,就没有必要用两个概念。

那么,元吉和大吉区别何在呢?

元,本义是始,第一个。这开始的第一个,从年龄上说,最大,所以元就与大相通。比如:大哥,大姐。然而这个大,只是特定意义上的大,不是一般的数量、体积上的大。因为与大相通而译元为大,容易和数量、体积之大混淆。

在古代宗法制的社会里,开始的,第一个,也就是老大,同时也就具有了为首的资格。所以大哥、大姐也叫长兄、长姐。由此而演变出的首长一词,就完全是主宰者的意思。所以《周易·乾卦·文言》释元为:"元者,善之长也。"也就是说,元,是善的头领、主宰,是善中之最善者,善之最。

由这个意义上说,元就不仅是大而善,而且是善之最。所以元吉不是一般的大吉,而是吉中之最,最吉。单说是大,则体现不出这"善之长"中的"最"义。所以,本译本译元吉为"最吉";或者根据具体情况,译为"始吉"或者"本来就吉"。

三、利见大人

其"见"当为"现"。

古文"见"本来就同时具有"现"、"见"二义。所以一般译本也多以"利见大人"为"宜于去见大人"。然而,《易经》本来就是供天子王侯们占卜的文献,他们自己就是大人,还去晋见什么大人? 所以,本译本一般译为"宜于大人出现"。

四、往

未必都是"前去",而当是"有所行动"。

五、《象传》中的时、时用、时义

依王注孔疏之传统,时即时期;时用即用时,"适时之用"(孔疏）；时义即适时的意义，"不尽于所见，中有意谓"（王注，姤）。

六、刚柔

多见于《象传》，多指特定之爻，有时也指经卦或一类爻象。本译本根据情况，或译为阳刚、阴柔，或译为刚健、柔顺等。

七、利涉大川

很可能指可以克服艰难险阻，并非一定是指渡河。本译本仍然译为渡河，希望读者去体会其中的意义。

八、某些专用名词

如乾、坤、阴阳、道等，一般不译。一些古代专用器物名，也不译，如：牿、篚等等。

九、吉凶悔吝咎

吉为吉利或吉祥，凶为大的灾祸。悔，悔恨。吝，不仅是艰难，而且是遭受羞辱。其艰难也来自羞辱，故多译作"羞辱"。咎，因为罪过或过错而受处罚或责备。本译本根据具体情况，分别译为"责备"、"过错"、"罪过"等。

四　元亨利贞说

"元亨利贞"四字，可说是《易》经所有文字中最难解释的文字。据《乾·文言》，则四字的意义是：

> 元者，善之长也；亨者，嘉之会也；利者，义之和也；贞者，事之干也。君子体仁足以长人，嘉会足以合礼，利物足以和义，贞固足以干事。

《左传·襄公九年》也记载了当时人们对元亨利贞的解释，除"善之长"为"体之长"外，其他无甚区别。可见，这样的解释在古代影响深远。

现存汉魏时代的《易》注，未见对元亨利贞的新解。王弼《周易

注》,也无对元亨利贞的集中说明。孔颖达《周易正义》和李鼎祚《周易集解》,都引《子夏传》,认为元亨利贞的意思是:

元,始也。亨,通也。利,和也。贞,正也。

王弼注,也常常以亨为通。

《文言传》对元亨利贞的解释虽然影响深远,但难以体现于对《易经》文字的注释。署名《子夏传》对元亨利贞的解释,则被大量地带入了各种《易经》注释。或者说,它对元亨利贞的解释就是对汉魏时代各种《易经》注本的概括和总结。其中以亨为通,以贞为正,基本上就成了亨、贞的正解。

宋代,程颐提出了自己对元亨利贞的理解:

元者,万物之始;亨者,万物之长;利者,万物之遂;贞者,万物之成。(《程氏易传·乾》)

这是把元亨利贞当成了万物从始到终的发展过程。朱熹原则上不否认程颐的解释,但在《周易本义》中,他还是提出了自己的理解:

元,大也;亨,通也;利,宜也;贞,正而固也。(《周易本义·乾》)

此外,朱熹在其他地方还多次强调,仅仅说正,不足以完全包容贞的意义。贞不仅是正,而且还兼顾着固。

近现代学者对元亨利贞的主要贡献,是认为亨即享,祭祀的意思;而贞乃是卜,即占问的意思。这样的解释,也曾经造成了广泛的影响。

那么,是不是古人就不知道亨为享祭呢? 查阅上述著名学者的注释,发现他们其实有时也做如是解。比如朱熹《周易本义》,就有四处以亨为享:

大有·九三:公用亨于天子。《本义》:《春秋传》作享,谓朝献也。古者亨通之亨,享献之享,烹饪之烹,皆作亨字。

随·上六:王用亨于西山。《本义》:亨,亦当作祭享之享。

升·六四：王用亨于岐山。《本义》：义见随卦。……登祭
于山之象。

困·九二：利用亨祀。《本义》：亨，读作享。……其占利
用享祀。

再向前追溯，汉魏时人也有以亨作享的。据陆德明《经典释文》：

大有·九三：公用亨于天子。通也。京房：献也；干宝：宴
也；姚云：享，祀也。

随：用亨。通也。陆（绩？），许两反。祭也。

查《说文》，则没有亨字。只有一个"𩫞"字，兼具亨、享、
烹的意义。其注释曰：

𩫞，献也。从高省，曰象进孰物形。《孝经》曰：祭则鬼𩫞
之。凡𩫞之属皆从𩫞。（许两切，又普庚切，又许庚切）。

《康熙字典》认为，三义之中，亨为基本意义，其后加一横为享，加四
点为烹。而今人编的《辞源》，则认为亨通烹，而与享本为一字。后
人加了一横，使亨为亨通，享为献享，并且认为亨通就是"通达顺
利"。

上面的考察表明，古人其实明明白白知道，亨与享、烹相通，而
且其实就是一个字。或者说，这一个字就具有三种意思，为什么不
把亨解为祭祀，而要解释为通呢？

原来，亨所指的祭祀，不是仅仅祭祀而已。所谓"象进孰（熟）
物形"，就是说，亨的本字，包含着从烹饪到献祭、到神祇接受了祭
品因而人神已经沟通的全过程。所以，一个通字，是抓住了亨的核
心内容。这个内容就是，要和神马上沟通，得到神的指示。所以，
亨，也就不是一般意义的献祭，而仅仅说是祭祀，也体现不出亨的
全部内容或者说是最重要的内容。而亨通的通，就不是一般的通，
而是和神祇，或者说和上帝沟通的通。至于《辞源》解为通达顺利，
就是通的进一步发展了。不过这个发展，离亨的本义可就比较

远了。

所以，认为亨是祭祀，是对的。但它不是一般的祭祀，而是要当场就能和神祇沟通的祭祀。说它是通也是对的，但它不是一般的通顺、顺利，而是和神祇沟通的通，就像在一个尚未贯通的地方通过人工凿通的通。所以，本译本在不同的地方，将根据具体情况，或译亨为祭祀，或译亨为沟通，或译为亨通。不过都是从不同角度描述同一件事实罢了。

亨是这样的意义，和亨连用的元，那就没有别的意义，而只是"开始"的意义了，即，占问开始，先行沟通。这样神祇才接受您的咨询，而您也才宜于占问。这宜于占问，也就是"利贞"的意义。

亨的这种意义，其实古人有时也说得清楚，比如《左传·昭公四年》："以亨神人。"孔颖达《正义》道："《易·文言》：亨者嘉之会。嘉会礼通谓之亨，是亨为通也。言治民事神，使人神通说。"也就是说，亨的通，是使人神沟通，以便可以互相讲话。

由此我们也就知道，以亨为通，和《文言传》说亨是"嘉之会"，并不矛盾，而且完全一致，因为祭祀就是美好的聚会。

上面我们已经说过，元的"善之长"，是"始"的延伸；而亨的"嘉之会"，也就是享神的延伸了。至于利的"义之和"，当就是"宜"的延伸。因为义，就是宜，和，就是都合宜而不冲突。

贞的本义，应当就是占问，否则经文中的"贞厉"、"贞凶"，就难以理解。从王弼注到朱熹的《周易本义》，在这些地方都说是守正的凶险，实在是牵强凑合。所以，现代学者认为贞是占问，是非常正确的。因为汉代许慎《说文》就指出："贞，卜问也。"也就是说，把贞解释为卜，并非现代人的发明。在一般情况下，本译本将贞译为占问。

占问要求态度端正，大约由此贞就获得了正的意义。正要保持才能牢固，由此也获得了坚贞的意义。《周易·师卦·象传》就说:"贞,正也。"可见解贞为正,历史悠久。后来朱熹认为贞不仅是正,而且是正固,也是非常正确的。贞是否因此由占问过渡到了正固? 我们的猜想大约可备一说。而且无论如何,以贞为正,也已经有了悠久的历史。所谓"事之干",不过是持正、坚贞的延伸。本译本在必要的地方,为了强调经文的劝善性质,有时也将贞译为坚贞或守正。

五　体例

一、本译本在正文前加卦名标题,并标明次序。如"一乾"、"二坤"……。

二、标题下、正文前,做"解题",简要说明该卦主要内容。

三、本译本尽量靠译文说明原意。仅在必要的地方,做少量简要的注释。

四、依通行本(阮刻《十三经注疏》本),在译经文时,也译《彖》、《象》、《文言》三传。《象传》部分,标明《大象传》和《小象传》。

五、传文引用经文加以解释的,译传文时一般将译后之经文引入,并加括号。传文转述经文中的某些词语用以表述自己见解的,则不加引号。

限于水平,本译本可商榷之处一定不少,我们欢迎各方人士的批评,以便我们今后修订,使之趋于完善。

译者说明执笔人:李申　于 2001 年 2 月 10 日

2003 年 12 月 16 日　修改

2015 年 11 月 22 日再改,其中参考了许多任继愈先生在世时对本译本提出的批评意见

周易上经

一　乾

[解题]乾(qián)，被认为是天的性质。比如刚劲、矫健、光明、运动等等。四库本认为，乾，应作乹，日出时的光芒。本卦讲述的就是乾性事物的种种特点和作用。

▤(乾上乾下)乾

元、亨，利贞。

[译]

乾，开始，先进行沟通。宜于占问。

初九:潜龙勿用。

[译]

初九爻:潜伏的龙，不可轻举妄动。

九二:见龙在田，利见大人。

[译]

九二爻:龙出现于田野，利于大人出现。

[注]

见,现。

九三:君子终日乾乾,夕惕若,厉,无咎。

[译]

九三爻:君子白天兢兢业业,夜里警惕戒惧,处境艰险,也无过无灾。

九四:或跃在渊? 无咎。

[译]

九四爻:可能跃进深渊? 无过无灾。

九五:飞龙在天,利见大人。

[译]

九五爻:龙腾飞上蓝天,利于大人出现。

上九:亢龙有悔。

[译]

上九爻:亢进的龙将有悔恨。

用九:见群龙无首,吉。

[译]

用九爻:发现群龙没有首领,吉利。

《彖》曰:大哉乾元! 万物资始,乃统天。云行雨施,品物流形。大明终始,六位时成。时乘六龙以御天。乾道变化^①,各正性命。保合大和^②,乃利贞。首出庶物,万国咸宁。

[译]

《彖传》说:伟大啊,本源乾啊！万物由此开始,而一切统率于天。云气飘啊雨露下,成就了万类千形。伟大的光明始终照耀,六个阶位适时完成。随时驾乘这六条巨龙巡视天空。以乾为基础的种种体现,都有自己的命运和本性。保持那本来的和谐,才利于和神祇沟通。它是一切事物成败的首要因素,使所有的国家都稳定安宁。

[注]

① 变化,刚健光明的乾性成就的种种事物。

② 大和,即太和。事物自身天然的、最高的和谐。

《象》曰:天行健,君子以自强不息。

[译]

《大象传》说:天的运行健动,君子据此自强不息。

[注]

乾为(象征)天,本卦上下皆乾,所以讲"天行健"。

"潜龙勿用",阳在下也。

"见龙在田",德施普也。

"终日乾乾",反复道也^①。

"或跃在渊",进无咎也。

"飞龙在天",大人造也^②。

"亢龙有悔",盈不可久也^③。

用九,天德不可为首也^④。

[译]

（《小象传》:）"潜伏的龙,不可轻举妄动",是阳气潜藏在地下啊。

"龙出现于田野",是恩德的施予普遍啊。

"白天兢兢业业",是反正都合道啊。

"可能跃进深渊?"是前进无过无灾啊。

"龙腾飞上蓝天",是大人有所作为啊。

"亢进的龙将有悔恨",是得意不会长久啊。

用九爻,是说单靠刚健型的德行不能作众人的首领。

[注]

① 反复道也,反来复去都是道。

② 造,作,作为。一说为至,亦通。

③ 盈,满足。转意为得意之时。

④ 天德,即乾德,刚健光明的性质。

《文言》曰:元者,善之长也①;亨者,嘉之会也;利者,义之和也;贞者,事之干也。君子体仁足以长人,嘉会足以合礼,利物足以和义,贞固足以干事。君子行此四德者,故曰:"乾,元、亨、利、贞。"

[译]

《文言传》说:元,是善举的首领;亨,是美好的聚合;利,是正义的和谐;贞,是事物的骨干。君子具备仁德足以领导众人,聚合美好足以合乎礼仪,造福别人足以使正义和谐,忠贞坚定足以担当重任。君子实行这样的四种德行,所以说:"乾,包含着元、亨、利、贞。"

[注]

① 长,读 zhǎng,首领。

初九曰："潜龙勿用。"何谓也？子曰①："龙，德而隐者也。不易乎世，不成乎名。遁世无闷，不见是而无闷。乐则行之，忧则违之，确乎其不可拔，潜龙也。"

[译]

初九爻说："潜伏的龙，不可轻举妄动。"什么意思呢？孔子说："龙，是有德的隐居者啊！不为世俗所动摇，不把名誉来追求。脱离世俗不觉烦闷，得不到赞成也不觉烦闷。高兴做的事就做，不高兴做的就不做。确实牢固而不可改变，这就是潜龙啊。"

[注]

① 子曰，传统意见一般认为是"孔子说"。

九二曰："见龙在田，利见大人。"何谓也？子曰："龙，德而正中者也。庸言之信，庸行之谨①，闲邪存其诚②，善世而不伐，德博而化。《易》曰：'见龙在田，利见大人。'君德也。"

[译]

九二爻说："龙出现于田野，利于大人出现。"什么意思呢？孔子说："龙，是有德且居于中心者啊！平素说话守信，平素行为谨慎，杜绝邪恶而保持忠诚，行善于世而不表功，德行影响广泛感化民众。《易经》说：'龙出现于田野，利于大人出现。'这是君主的德行啊。"

[注]

① 庸，平常。
② 闲，防备，杜绝。

九三曰:"君子终日乾乾,夕惕若,厉,无咎。"何谓也?子曰:"君子进德修业。忠信,所以进德也;修辞立其诚,所以居业也。知至至之,可与几也;知终终之,可与存义也。是故居上位而不骄,在下位而不忧。故乾乾,因其时而惕,虽危无咎矣。"

[译]

九三爻说:"君子白天兢兢业业,夜晚警惕戒惧,处境艰险,也无过无灾。"什么意思呢?孔子说:"君子要增进德行,创建功业。忠诚与守信,为的是增进德行;讲究文辞以表达忠诚,为的是成就事业。知道可以达到的目标并且达到了,可以参与事物的转机;知道应该何处终止并且终止了,可以参与保持正义。所以居于高位而不傲慢,处于低位而不苦恼。并因此兢兢业业,随着时势而警惕戒惧,虽然处境艰险,也会无过无灾。"

九四曰:"或跃在渊,无咎。"何谓也?子曰:"上下无常,非为邪也;进退无恒,非离群也。君子进德修业,欲及时也,故无咎。"

[译]

九四爻说:"可能跃进深渊?无过无灾。"什么意思呢?孔子说:"处上位处下位都不长久,不是操行邪恶;是前进是后退没有定准,不是要脱离群体。君子增进德行,创建功业,希望能抓住时机,所以无过无灾。"

九五曰:"飞龙在天,利见大人。"何谓也?子曰:"同声相应,同气相求;水流湿,火就燥,云从龙,风从虎。圣人作而万物睹。本乎天者亲上,本乎地者亲下,则各从其类也。"
[译]

九五爻说："龙腾飞上蓝天,利于大人出现。"什么意思呢?孔子说："声音相同就互相感应,气类相同就互相追求;水往湿处流,火烧干燥物,云伴随着龙,风伴随着虎。圣人的一举一动民众全都知道。本源在天的向上亲近,本源在地的向下亲近,这就是各自追随自己的同类啊。"

上九曰:"亢龙有悔。"何谓也? 子曰:"贵而无位,高而无民,贤人在下位而无辅,是以动而有悔也。"
[译]

上九爻说:"亢进的龙将有悔恨",什么意思呢? 孔子说:"尊贵却没有职位,崇高却脱离民众,贤人处于下位却得不到帮助,所以要行动就一定会酿成悔恨。"

"潜龙勿用",下也。"见龙在田",时舍也①。"终日乾乾",行事也。"或跃在渊",自试也。"飞龙在天",上治也。"亢龙有悔",穷之灾也。乾元用九②,天下治也。
[译]

"潜伏的龙不可轻举妄动",因为地位低下啊。"龙出现于田野",是适时的处所啊。"白天兢兢业业",是在做事啊。"可能跃进深渊?"自己在尝试啊。"龙腾飞上蓝天",是上面在施政啊。"亢进的龙将有悔恨",是穷途末路的灾难啊。本源乾运用这阳刚之德,天下就会得到治理。
[注]

① 舍,住宅、处所。

② 用九，九为太阳，阳刚之强者，用九即用这阳刚之德。

　　"潜龙勿用"，阳气潜藏。"见龙在田"，天下文明。"终日乾乾"，与时偕行。"或跃在渊"？乾道乃革。"飞龙在天"，乃位乎天德。"亢龙有悔"，与时偕极。乾元用九，乃见天则。

[译]
　　"潜伏的龙不可轻举妄动"，是阳气潜藏在地下。"龙出现于田野"，普天下都走向文明。"白天兢兢业业"，是行为随着时间前进。"可能跃进深渊？"刚健的原则改变了。"龙腾飞上蓝天"，就是具有和上天同样的德行。"亢进的龙将有悔恨"，是随着时间一起走向极端。本源乾运用刚健德行，呈现的是上天的法则。

　　乾元者，始而亨者也。利贞者，性情也。乾，始能以美利利天下。不言所利，大矣哉！大哉乾乎！刚健中正，纯粹精也。六爻发挥，旁通情也。"时乘六龙"，以御天也。"云行雨施"，天下平也。

[译]
　　那本源乾，是开始就亨通的啊。利于坚贞，说的是性情啊。只有乾，才能以美好的福利造福天下。不说自己是给人造福，真是伟大啊！伟大的乾啊！它刚健中正，是纯粹的精华啊。六爻把含义发挥出来，贯通着物性与人情啊。"随时驾驭着六条巨龙"，是去巡视天空啊。"云气飘啊雨露下"，天下就太平了啊。

　　君子以成德为行，日可见之行也。潜之为言也，隐而未见,行而未成,是以君子弗用也。

[译]

　　君子的行为用以成就德行,说的是天天都可见的德行啊。潜的意思,就是隐藏而不显现,行动却无所成就,所以君子不予采用啊。

　　君子学以聚之,问以辩之,宽以居之,仁以行之。《易》曰:"见龙在田,利见大人。"君德也。

[译]

　　君子用学习积累知识,用询问讨论是非,用宽容来处世,用仁德去行事。《易经》说:"龙出现于田野,利于大人出现。"这是君主的德行啊。

　　九三重刚而不中①,上不在天,下不在田。故乾乾因其时而惕,虽危无咎矣。

[译]

　　九三爻处于双重的刚健之上却不在中位,上不在天,下不在田。所以要兢兢业业随着时势而戒惧警惕,虽然处境艰险却无过无灾。

[注]

　　① 重刚,指初九爻、九二爻都是刚。

　　九四重刚而不中①,上不在天,下不在田,中不在人,故"或"之。"或"之者,疑之也,故无咎。

[译]

　　九四爻处于三重的刚健之上却不在中位,上不在天,下不在田,中不在民间,所以加个"可能"。"可能"的意思,就是有所疑虑,所以无过无灾。

[注]

① 此处"重刚"指初九、九二、九三爻都是刚。

夫大人者①,与天地合其德,与日月合其明,与四时合其序,与鬼神合其吉凶。先天而天弗违,后天而奉天时。天且弗违,而况于人乎! 况于鬼神乎!

[译]

所说的大人哪,与天地的德行一致,与日月的光明相同,与四季的顺序合拍,与鬼神一样的给人吉凶。先于上天行动上天不会违背他,后于上天行动则遵守上天的时令。上天都不违背他,何况人呢! 何况鬼神呢!

[注]

① 大人,有职位的圣人。

亢之为言也,知进而不知退,知存而不知亡,知得而不知丧。其唯圣人乎! 知进退存亡而不失其正者,其唯圣人乎!

[译]

亢的意思是,只知前进而不知后退,只知生存却不知灭亡,只知获得却不知丧失。只有圣人吧! 懂得进退存亡并且不背离正道的,只有圣人吧!

二 坤

[解题]坤,被认为是地的性质,比如包容、顺从、忍耐、柔顺、

安静等等。本卦主要讲述坤性事物的种种特点和表现。

䷁(坤上坤下)坤

元,亨,利牝马之贞。君子有攸往,先迷后得主,利。
西南得朋,东北丧朋。安贞,吉。

[译]

坤,开始,先进行沟通,宜于占问母马一类的事。君子将有
所投奔,开始迷茫然后得遇明主,有利。西南得到朋友,东北丧
失朋友。安然守正,吉利。

《彖》曰:至哉坤元! 万物资生,乃顺承天。坤厚载物,
德合无疆。含弘光大,品物咸亨。牝马地类,行地无疆,柔
顺利贞。君子攸行,先迷失道,后顺得常①。西南得朋,乃
与类行;东北丧朋,乃终有庆。安贞之吉,应地无疆。

[译]

《彖传》说:尽善尽美的本源坤啊! 万物因您得以生存,温
顺地服从着上天。坤性宽厚负载万物,恩德广大无边。含容
一切又滋养一切,各种事物都顺利长成。母马和大地同类,驰
骋在无边无际的大地上,温柔顺从利于坚贞。君子的行为,先
迷失道路,此后就顺畅进入常规。西南得到朋友,就和同类一
起行动;东北丧失朋友,最终会有喜庆。安然守正的吉利,和大
地的无限宽广相应。

[注]

① 常,常规。

《象》曰:地势,坤。君子以厚德载物。

[译]

　　《大象传》说:地的形象,其象征是坤卦。君子据此以宽厚的德行容载万物。

　　初六:履霜,坚冰至。

[译]

　　初六爻:踩到霜,坚冰就要来了。

　　《象》曰:履霜坚冰,阴始凝也,驯致其道,至坚冰也。

[译]

　　《小象传》说:踩到霜,是说阴气开始凝结,顺着这个方向继续发展,就会出现坚冰了。

[注]

　　四库本认为,"履霜"后"坚冰"二字为衍文。

　　六二:直方大,不习无不利。

[译]

　　六二爻:正直、端方、宽大,不演习也没有什么不利。

　　《象》曰:六二之动,直以方也。"不习无不利",地道光也。

[译]

　　六二爻的运动,正直而且有原则啊。"不演习也没有什么不利",是大地之道的荣光啊。

　　六三:含章可贞,或从王事,无成有终。

[译]

六三爻:含蕴秀美,往往坚贞。假如为天子做事,无所成就也会有好的结局。

《象》曰:"含章可贞",以时发也。"或从王事",知光大也。

[译]

《小象传》说:"含蕴秀美往往坚贞",是用来等待时机再采取行动啊。"假如为天子做事",是知道要显露和发挥才能啊。

六四:括囊,无咎无誉。

[译]

六四爻:扎紧口袋,不受责备也没有赞誉。

《象》曰:"括囊无咎",慎不害也。

[译]

《小象传》说:"扎紧口袋不受责备",是说谨慎就远离祸害啊。

六五:黄裳,元吉。

[译]

六五爻:黄色的裙子,最为吉利。

[注]

裳,裙子。古代男女都穿裙子。

《象》曰:"黄裳元吉",文在中也。

[译]

　　《小象传》说:"黄色的裙子最为吉利",因为其中有纹彩啊。

　　　　上六:龙战于野,其血玄黄。

[译]

　　上六爻:龙在田野里争战,它们的血色暗黄。

[注]

　　玄,深暗。

　　　　《象》曰:"龙战于野",其道穷也。

[译]

　　《小象传》说:"龙在田野里争战",它们是无路可走了。

　　　　用六:利永贞。

[译]

　　用六爻:利于永远坚贞。

　　　　《象》曰:用六永贞,以大终也。

[译]

　　《小象传》说:"用六爻的永远坚贞",为了有个辉煌的结局啊。

　　　　《文言》曰:坤至柔而动也刚,至静而德方。后得主而有常,含万物而化光。坤道其顺乎! 承天而时行。

[译]

　　《文言传》说:坤最柔顺,但运动起来也是刚劲的;最娴静,但德行端方。然后得遇明主而有了常规,含容万物并且教化显彰。坤性的行为原则就是个温顺吧!服从上天并且按照时令行事。

积善之家,必有余庆;积不善之家,必有余殃。臣弑其君,子弑其父,非一朝一夕之故,其所由来者渐矣,由辩之不早辩也。《易》曰:"履霜,坚冰至",盖言顺也。

[译]

积累善行的人家,一定有遗留的喜庆;积累不善行为的人家,一定有遗留的祸殃。臣子杀死君主,儿子杀死父亲,不是一朝一夕的原因,它的发生是逐渐积累起来的呀,在于能不能及早地加以辨别啊。《易经》说:"踩到霜,坚冰就要来了",说的就是这个顺序啊!

直,其正也;方,其义也。君子敬以直内,义以方外,敬义立而德不孤。"直方大,不习无不利",则不疑其所行也。

[译]

直,就是正啊;方,就是义啊。君子敬畏用来正直心思,仗义用来端方行为。敬畏和仗义树立起来,这样的德行就不会孤立。"正直、端方、宽大,不演习也没有什么不利",他的行为也就不会被人怀疑了。

阴虽有美,含之以从王事,弗敢成也。地道也,妻道也,臣道也。地道无成,而代有终也。

[译]

阴柔虽然有美德,含容着来为天子做事,不敢去自求成功。

这就是大地的行事原则啊,妻子的行事原则啊,臣子的行事原则啊。大地的行事原则是不求成就,但世代都会有好的结局。

　　天地变化,草木蕃。天地闭,贤人隐。《易》曰:"括囊,无咎无誉",盖言谨也。
[译]

　　天地变化,草木繁荣。天地闭塞,贤人隐退。《易经》说:"扎紧口袋,不受责备也没有赞誉",说的就是谨慎啊。

　　君子黄中通理①,正位居体。美在其中,而畅于四肢,发于事业,美之至也!
[译]

　　君子内心高尚并且通晓事理,使自己处于正当的位置。美德在自己心中,顺畅地体现于言行,表现于事业,这是美的最高境界了。
[注]

　　① 黄中,五行以黄色的土为中央。黄,像土那样作中心、核心的品质。中,内。

　　阴疑于阳必战,为其嫌于无阳也,故称龙焉。犹未离其类也,故称血焉。夫玄黄者,天地之杂也,天玄而地黄。
[译]

　　阴遭到阳的怀疑,一定发生战斗。因为阴嫌自己纯阴无阳,所以也自称为龙。但还是没有脱离自己的同类,所以又说到血。玄黄,是天地混杂的颜色。天色玄而地色黄。

三 屯

[**解题**]屯(zhūn),前进艰难的样子,也作集聚。这一卦讲遭遇阻滞艰难行进以及有关集聚的问题。

䷂(震下坎上)屯

元,亨,利贞。勿用有攸往,利建侯。
[译]

行进艰难,开始,先行沟通,宜于占问。不要有所行动,宜于封建诸侯。

《彖》曰:屯,刚柔始交而难生,动乎险中。大亨贞,雷雨之动满盈,天造草昧,宜建侯而不宁。
[译]

《彖传》说:行进艰难,阳刚阴柔开始交合而艰难发生,在艰险中行动。极端的亨通持正,震雷大雨满足充盈,上天从混沌蒙昧中创造生命,宜于建立诸侯却不能安宁。
[注]

乾卦纯是阳爻,坤卦纯是阴爻。阳刚而阴柔。从屯卦开始,才是阴阳两种爻象混合成卦,所以是"刚柔始交。"动乎险中,动指下卦震,险指上卦坎。

《象》曰:云雷,屯。君子以经纶。
[译]

《大象传》说:云与雷,其象征是屯卦。君子据此以施政。

[注]

下卦震为雷,上卦坎为水,云亦水,所以是"云雷,屯"。经纶,施政。

初九:磐桓,利居贞,利建侯。

[译]

初九爻:徘徊,宜于保持坚贞,宜于建立诸侯。

《象》曰:虽磐桓,志行正也。以贵下贱,大得民也。

[译]

《小象传》说:虽然徘徊,志向行为是端正的啊。以高贵尊重卑贱,大得民众拥护啊。

六二:屯如邅如,乘马班如。匪寇,婚媾。女子贞不字,十年乃字。

[译]

六二爻:难向前啊,想回转啊,骑着马儿就地盘旋啊。不是贼寇,是迎亲的队伍。女子守正该嫁不嫁,十年后才嫁。

[注]

邅,回转。班,盘旋。匪,非。字,许嫁。

《象》曰:六二之难,乘刚也。"十年乃字",反常也。

[译]

《小象传》说:六二爻的艰难,是因为凌驾于阳刚之上。"十年后才嫁",实在是有点反常。

六三：即鹿无虞，惟入于林中。君子几，不如舍。往吝。

[译]

六三爻：追猎野鹿而无守林人引导，只管进入林中。君子应见几行事，此事不如放弃。追过去，要遭遇困难。

[注]

虞，虞人，掌管山林的人。几，事物将要发生时的萌芽状态，转折点。

《象》曰："即鹿无虞"，以从禽也。君子舍之。往吝，穷也。

[译]

《小象传》说："追猎野鹿而无守林人引导"，这是放走野兽啊。君子放弃这样做。追过去要遭遇困难，因为会找不着路。

[注]

从，纵，放纵的意思。禽，泛指禽兽。穷，无路可走。

六四：乘马班如，求婚媾，往吉，无不利。

[译]

六四爻：骑着马儿盘旋，是要前去求婚。去吧，吉祥，没有什么不好。

《象》曰：求而往，明也。

[译]

《小象传》说：为追求而前往，光明正大的事。

九五：屯其膏。小，贞吉；大，贞凶。

[译]

九五爻:囤积他的脂肪。少量的,占问,吉祥;大量囤积,占问,凶险。

[注]

膏,泛指贵重的东西。

《象》曰:"屯其膏",施未光也。

[译]

《小象传》说:"囤积他的脂肪",是施予未能广泛。

[注]

光,借为广。

上六:乘马班如,泣血涟如。

[译]

上六爻:这边骑着马儿就地盘旋,那边的人儿哭得血泪涟涟。

《象》曰:"泣血涟如",何可长也?

[注]

《小象传》说:"哭得血泪涟涟",怎么能够长久?

四　蒙

[解题]蒙,微弱,暗昧,幼稚。本卦讲述有关如何对待幼稚和蒙昧。

䷃(坎下艮上)蒙

亨。匪我求童蒙,童蒙求我。初筮告,再三渎,渎则不告。利贞。

[译]

幼稚,进行沟通。不是我有求于幼童,而是幼童有求于我。第一次占筮,神祇告知。再三,就是亵渎。亵渎,神祇就不告知。宜于占问。

《彖》曰:蒙,山下有险,险而止,蒙①。蒙亨,以亨行,时中也。"匪我求童蒙,童蒙求我",志应也。"初筮告",以刚中也②。"再三渎,渎则不告",渎蒙也。蒙以养正,圣功也。

[译]

《彖传》说:幼稚,山下有危险,有危险还停在那里,这就是幼稚。幼稚而能亨通,在亨通中行动,是因为时机适中。"不是我有求于幼童,而是幼童有求于我",这是心愿相通。"第一次占筮神祇告知",因为刚直存于心中。"再三就是亵渎,亵渎,神祇就不告知",因为愚弄了幼童。从幼稚开始就修养正道,这是成为圣人的功夫。

[注]

① 蒙卦上卦艮为山,为止,下卦坎为险,所以说是"山下有险,险而止"。

② 刚中,指下卦九二阳爻。《易传》认为,易卦六爻,自下向上,分别为初、二、三、四、五、上。其中二、五被认为是中位。

《象》曰:山下出泉,蒙。君子以果行育德。

[译]

　　《小象传》说：山下涌出泉水，其象征是蒙卦。君子据此以果断的行为培养德行。

[注]

　　上卦艮为山，下卦坎为水，水即泉，所以是"山下出泉"。

　　初六：发蒙，利用刑人，用说桎梏，以往吝。

[译]

　　初六爻：启发蒙昧，宜用处罚罪人，用释放罪人（的办法），不过这样做要遇到困难。

[注]

　　刑，处罚。说，即脱。桎梏，刑具。

　　《象》曰："利用刑人"，以正法也。

[译]

　　《小象传》说："宜用处罚罪人……"，以此贯彻法令。

　　九二：包蒙，吉。纳妇，吉。子克家。

[译]

　　九二爻：包容蒙昧，吉利。娶媳妇，吉利。其子能够当家。

[注]

　　克，能够。

　　《象》曰："子克家"，刚柔接也。

[译]

　　《小象传》说："其子能够当家"，是阳刚和阴柔相结合啊。

[注]

刚指九二阳爻,柔指六五阴爻。

六三:勿用取女。见金夫,不有躬。无攸利。

[译]

六三爻:不要娶那个女人。她见到有钱的男子,就没有了自己。(娶她)没有什么好处。

[注]

金夫,用金钱引诱女子的男人。躬,自身。

《象》曰:"勿用取女",行不顺也。

[译]

《小象传》说:"不要娶那个女人",因为她的行为不守规矩。

[注]

顺,服从规矩。

六四:困蒙,吝。

[译]

六四爻:总是长不大,要受艰难。

[注]

困蒙,困于蒙昧,总像小孩一样,长不大。

《象》曰:困蒙之吝,独远实也。

[译]

《小象传》说:总是长不大的难处,因为他独自远离实际。

六五:童蒙,吉。

[译]

六五爻:儿童的幼稚,吉祥。

《象》曰:童蒙之吉,顺以巽也。

[译]

《小象传》说:儿童幼稚的吉祥,因为他听话又随顺。

[注]

巽,谦逊,顺从。

上九:击蒙,不利为寇,利御寇。

[译]

上九爻:除去蒙昧,不宜做强盗,宜于抵御强盗。

[注]

击,击杀,意为除去。

《象》曰:利用御寇,上下顺也。

[译]

《小象传》说:利于以此抵御强盗,因为上下一心。

五　需

[解题]需,需要,期待。本卦讲述有关需要和期待的各种问题。

☰☵(乾下坎上)需

有孚,光。亨,贞吉。利涉大川。

［译］

　　需要和期待，有诚信，就光明。进行沟通，占问，吉祥。宜于涉渡大河。

　　《彖》曰:需,须也。险在前也,刚健而不陷,其义不困穷矣。"需有孚,光。亨贞吉",位乎天位①,以正中也②。"利涉大川",往有功也。

［译］

　　《彖传》说:需要和期待,就是必须的意思。艰险在前面,刚健却不陷入困境,因为本来就不会被困得无路可走。"需要和期待,有诚信,就光明。和神沟通,占问,吉祥。"因为居于天位,处在正中啊。"宜于涉渡大河",是说行动会取得成功。

［注］

　　① 天位,指九五阳爻。

　　② 正中,指九二、九五都是阳爻。

　　《象》曰:云上于天,需。君子以饮食宴乐。

［译］

　　《大象传》说:云升上了天空,其象征是需卦。君子据此设宴行乐。

［注］

　　上卦坎为水、为云,下卦乾为天,所以是"云上于天"。

　　初九:需于郊,利用恒,无咎。

［译］

　　初九爻:在郊外期待着,宜于有耐心,无过无灾。

《象》曰:"需于郊",不犯难行也。"利用恒,无咎",未失常也。

[译]

　　《小象传》说:"在郊外期待着",是不冒犯危险去行动。"宜于有耐心,无过无灾",是没有失去常态啊。

　　九二:需于沙,小有言,终吉。

[译]

　　九二爻:在沙中期待着,多少有些非议,终究吉祥。

《象》曰:"需于沙",衍在中也。虽"小有言",以吉终也。

[译]

　　《小象传》说:"在沙中期待着",是宽延存在心中。虽然"多少有些非议",最终是吉祥的。

[注]

　　衍,宽延。中,指九二中位,象征心中。

　　九三:需于泥,致寇至。

[译]

　　九三爻:在泥中期待着,招致贼寇到来。

《象》曰:"需于泥",灾在外也。自我致寇,敬慎不败也。

[译]

　　《小象传》说:"在泥中期待着",是灾难在外面。因为我招来了贼寇,认真谨慎就不会失败。

[注]

敬,敬业的敬,认真的意思。

六四:需于血,出自穴。

[译]

六四爻:在血泊中期待着,是从洞穴中逃出来的。

《象》曰:"需于血",顺以听也。

[译]

《小象传》说:"在血泊中期待着",恭顺地聆听着。

九五:需于酒食,贞,吉。

[译]

九五爻:期待着酒饭,占问,吉祥。

《象》曰:酒食贞吉,以中正也。

[译]

《小象传》说:期待酒饭占问还能吉祥,因为他处心中正。

上六:入于穴,有不速之客三人来,敬之,终吉。

[译]

上六爻:进入洞穴,来了三位不速之客,恭敬他们,终究吉祥。

[注]

速,召,请。不速之客,不请自到的客人。

《象》曰:不速之客来,敬之终吉。虽不当位,未大失也。

[译]

《小象传》说:不速之客来了,恭敬他们,最终是吉祥的。虽然没有适当的地位,也不会有大的失误。

六　讼

[**解题**]讼,诉讼。本卦讲述有关诉讼的种种问题。

(坎下乾上)讼

有孚,窒惕,中吉,终凶。利见大人,不利涉大川。

[译]

诉讼,有诚信,放弃了警惕,中间吉利,最终凶险。宜于大人出现,不宜于涉渡大河。

[注]

窒,堵塞。堵塞警惕,即放弃了警惕。

《彖》曰:讼,上刚下险[①],险而健,讼。"讼,有孚,窒惕,中吉",刚来而得中也[②]。"终凶",讼不可成也。"利见大人",尚中正也。"不利涉大川",入于渊也。

[译]

《彖传》说:诉讼,上面刚健而下面危险,危险又刚健,就是诉讼。"诉讼,有诚信,放弃警惕,中间吉利",是因为刚健到来并且得居中位。"最终凶险",因为诉讼不会取胜。"宜于大人出现",因为崇尚中正。"不宜涉渡大河",因为将会陷入深渊。

[注]

　　① 上卦乾为刚,下卦坎为险,所以说是上刚下险。

　　② 指阳爻居于中位。象征刚健者处事中正。

《象》曰:天与水违行,讼。君子以作事谋始。

[译]

　　《大象传》说:天和水背道而行,是讼卦的象征。君子据此开始做事就要周密谋划。

[注]

　　上卦乾为天,下卦坎为水,所以是"天与水违行"。

初六:不永所事,小有言,终吉。

[译]

　　初六爻:让事情中途而废,多少有些非议,终究吉利。

《象》曰:"不永所事",讼不可长也。虽"小有言",其辩明也。

[译]

　　《小象传》说:"让事情中途而废",因为诉讼不可久长。虽然"多少有些非议",他的辩解是明白的。

九二:不克讼,归而逋,其邑人三百户,无眚。

[译]

　　九二爻:不能胜诉,回到家就逃掉了,他镇上的三百户人家,没遭灾难。

[注]

逋,逃。邑,城镇。眚,灾。

《象》曰:"不克讼,归逋",窜也。自下讼上,患至
掇也。

[译]

《小象传》说:"不能胜诉,回家后逃掉",就是跑了。以下级
而起诉上司,灾难就像随便拣来一样容易。

[注]

掇,拣拾。

六三:食旧德,贞厉。终吉。或从王事,无成。

[译]

六三爻:享用已有的利益,占问,危险。最终吉利。假如给
天子做事,不要说成是自己的成就。

[注]

食旧德,享用由于过去的功德而获得的利益,如职位、俸禄
等等。

《象》曰:"食旧德",从上吉也。

[译]

《小象传》说:"享用已有的利益",顺从上级是吉祥的。

九四:不克讼,复即命渝,安贞吉。

[译]

九四爻:不能胜诉,回头就改变初衷,安于守正,吉祥。

[注]

命,当初起诉的决定。

《象》曰:"复即命渝",安贞不失也。

[译]

《小象传》说:"回头就改变初衷",安于守正不出过失。

九五:讼,元吉。

[译]

九五爻:诉讼,本来就吉利。

《象》曰:"讼元吉",以中正也。

[译]

《小象传》说:"诉讼本来就吉利",因为他处心中正。

上九:或锡之鞶带,终朝三褫之。

[译]

上九爻:假如被赏予大腰带,一次朝会就几次被剥夺。

[注]

锡,赏赐。鞶带,大腰带。朝,朝会,即朝廷上例行的御前会议。三,多次。褫,剥夺。

《象》曰:以讼受服,亦不足敬也。

[译]

《小象传》说:因为诉讼而受赏赐服饰,就不值得尊敬。

七　师

[**解题**]师,群众,军队。本卦讲如何得到群众信任以及如何管理军队、如何作战等问题。

䷆(坎下坤上)师

贞,丈人吉,无咎。

[**译**]

兴师动众,占问,德高威重者吉利,无过无灾。

[**注**]

丈人,有威严的人。一说为大人。

《彖》曰:师,众也。贞,正也。能以众正,可以王矣①。刚中而应②,行险而顺,以此毒天下③,而民从之,吉,又何咎矣!

[**译**]

《彖传》说:师,就是群众。贞,就是正。能使群众归向正道,就可以统治天下了。阳刚在中位又有响应,在危险中行动却能顺利,以此役使天下人,并且民众服从,吉利,还有什么过失和灾难呢!

[**注**]

① 王,做天下人的王。

② 指九二居中位,六五响应。

③ 毒,役使,治理。

《象》曰：地中有水，师。君子以容民畜众。

[译]

　　《大象传》说：地中有水，其象征是师卦。君子据此宽容人民，畜养部众。

[注]

　　上卦坤为地，下卦坎为水，所以是"地中有水"。

　　初六：师出以律，否臧，凶。

[译]

　　初六爻：军队出征要以纪律约束，否则，凶险。

《象》曰："师出以律"，失律凶也。

[译]

　　《小象传》说："军队出征要以纪律约束"，丢掉纪律就有凶险。

[注]

　　一说"律"为音律。是说出兵时要用音律进行占卜活动。

　　九二：在师中，吉，无咎。王三锡命。

[译]

　　九二爻：在军队做主帅，吉利，没过无灾。天子多次发布委任令。

[注]

　　在师中，在军队中居于中心地位，指主帅。

《象》曰："在师中吉"，承天宠也。"王三锡命"，怀万邦也。

[译]

　　《小象传》说:"在军队做主帅,吉利",是承受着天子的宠爱。"天子多次发布委任令",是为了使所有的国家服从。

[注]

　　天,此处指天子。天子代上天治理天下,天子的宠爱就是上天的宠爱。

　　六三:师或舆尸,凶。

[译]

　　六三爻:假如军队中大车载着尸体,就是战败了。

[注]

　　此处的凶就是战败。

　　《象》曰:"师或舆尸",大无功也。

[译]

　　《小象传》说:"假如军队中大车载着尸体",是强调出兵没有战胜。

[注]

　　无功,打了败仗。

　　六四:师左次,无咎。

[译]

　　六四爻:军队退却,无过无灾。

[注]

　　左,降,退。次,停止,处所。

《象》曰:"左次无咎",未失常也。

[译]

　　《小象传》说:"退却无过无灾",是没有失去常规。

　　六五:田有禽,利执言,无咎。长子帅师,弟子舆尸,贞,凶。

[译]

　　六五爻:田野里有禽兽,应该如实报告,无过无灾。长子做统帅,次子用车拉死尸,占问,凶险。

[注]

　　弟子,次子。

　　《象》曰:"长子帅师",以中行也。"弟子舆尸",使不当也。

[译]

　　《小象传》说:"长子做统帅",是以居中位的身份行事。"次子用车拉死尸",是用人不当。

　　上六:大君有命,开国承家,小人勿用。

[译]

　　上六爻:天子有命令,无论是开创国家还是继承遗业,都不要任用小人。

[注]

　　大君,天子。

　　《象》曰:"大君有命",以正功也。"小人勿用",必乱邦也。

[译]

《小象传》说："天子有命令"，是要论定功劳。"不要任用小人"，因为小人一定要使国家动乱。

八　比

[解题]比，依附，亲近，结党。本卦讲述应该依附、亲近谁人和如何依附、亲近。

䷇(坤下坎上)比

吉。原筮，元永贞，无咎。不宁方来，后夫凶。

[译]

依附，吉利。推敲占筮的过程，开始，是占问依附是否永久？结果是无过无灾。于是觉得不安全的正纷纷前来，后到者，凶。

《象》曰：比，吉也[1]。比，辅也，下顺从也。"原筮，元永贞，无咎"，以刚中也[2]。"不宁方来"，上下应也[3]。"后夫凶"，其道穷也。

[译]

《象传》说：比，吉利。比，就是辅佐啊，就是说下级要顺从啊。"推敲占筮的过程，开始就决心永远守正，无过无灾"，因为阳刚居于中位。"觉得不安全的正纷纷前来"，是上下响应。"后到者凶"，因为他无路可走了。

[注]

① 也，四库本认为，也字衍。

② 刚中,指九五阳爻。

③ 上下应,指九五爻与六二爻对应。

《象》曰:地上有水,比。先王以建万国,亲诸侯。

[译]

　　《大象传》说:地上有水,其象征是比卦。先王据此创建万国,亲近诸侯。

[注]

　　下卦坤为地,上卦坎为水,所以是"地上有水"。先王,已故的天子。万国,众多的诸侯国。

初六:有孚,比之,无咎。有孚盈缶,终来有它吉。

[译]

　　初六爻:有诚信,依附他,无过无灾。有诚信充满全身,最终还有其他吉祥。

[注]

　　盈缶,充满瓦罐,形容诚信充满全身。

《象》曰:比之初六,有它吉也。

[译]

　　《小象传》说:比卦的初六爻,还有其他的吉祥啊。

六二:比之自内,贞,吉。

[译]

　　六二爻:依附是出自内心,占问,吉祥。

《象》曰:"比之自内",不自失也。

[译]

　　《小象传》说:"依附是出自内心",就不失落自我。

　　　六三:比之匪人。

[译]

　　六三爻:依附了不该依附的人。

　　　《象》曰:"比之匪人",不亦伤乎!

[译]

　　《小象传》说:"依附了不该依附的人",不是很痛苦的事吗!

　　　六四:外比之,贞,吉。

[译]

　　六四爻:亲近外人,占问,吉祥。

　　　《象》曰:外比于贤,以从上也。

[译]

　　《小象传》说:亲近外面的贤者,为的是一同追随君上。

　　　九五:显比。王用三驱,失前禽,邑人不诫,吉。

[译]

　　九五爻:光明正大的依附。天子三面合围驱赶,跑失了前面
的禽兽,当地民众没有警惕戒备,吉祥。

　　　《象》曰:显比之吉,位正中也。舍逆取顺,失前禽也。

"邑人不诫",上使中也。

[译]

　　《小象传》说:光明正大依附之所以吉利,因为居于正位中位的缘故。舍弃不顺从的,只要顺从的,所以就跑失了前面的禽兽。"当地民众没有警惕戒备",由于君上对人没有偏向。

　　上六:比之无首,凶。

[译]

　　上六爻:结党的人们没有头领,凶。

　　《象》曰:"比之无首",无所终也。

[译]

　　《小象传》说:"结党的人们没有头领",不会有什么好下场。

九　小畜

　　[解题]小畜,小的聚集。本卦讲述有关小规模聚集的问题。

▤(乾下巽上)小畜

　　亨。密云不雨,自我西郊。

[译]

　　小规模聚集,进行沟通。暗云密集但不下雨,到了我的城西。

　　《彖》曰:小畜,柔得位而上下应之①,曰小畜。健而巽,刚中而志行②,乃亨。"密云不雨",尚往也。"自我西郊”,施未行也。

[译]

　　《象传》说:小畜,柔顺者得居正位而且上下响应,称为小畜。刚健又谦逊,刚劲居于中位因而志向得以实现,于是亨通。“暗云密集但不下雨”,是(雨)向上去了。“到了我的城西”,是(雨)没有下来。

[注]

　　① 柔得位,指六四阴爻。上下应之,指六四和其它五个阳爻相应。

　　② 刚中,指九二、九五皆阳爻。

　　《象》曰:风行天上,小畜。君子以懿文德。

[译]

　　《大象传》说:风在天上运行,其象征是小畜。君子据此提高施政水平。

[注]

　　上卦巽为风,下卦乾为天,所以是“风行天上”。懿,美好。文德,与武德相对,此处指施政水平。

　　初九:复自道,何其咎? 吉。

[译]

　　初九爻:复归走的是正道,有什么过错? 吉利。

　　《象》曰:“复自道”,其义吉也。

[译]

　　《小象传》说:“复归走的是正道”,本来就该是吉祥。

九二:牵复,吉。

[译]

九二爻:被牵引而复归,吉利。

《象》曰:牵复在中,亦不自失也。

[译]

被牵引而复归于中位,也不会失掉自我。

九三:舆说辐,夫妻反目。

[译]

九三爻:车子掉了辐条,夫妻打架吵闹。

[注]

说,脱。反目,谁也不看谁。

《象》曰:"夫妻反目",不能正室也。

[译]

《小象传》说:"夫妻打架吵闹",是不能把家庭关系搞好。

六四:有孚,血去惕出,无咎。

[译]

六四爻:有诚信,因流血而惧怕,不受责备。

《象》曰:有孚惕出,上合志也。

[译]

《小象传》说:有诚信并且产生惧怕,是要与君上的思想一致。

九五:有孚挛如,富以其邻。

[译]

九五爻:有诚信就像绳子拴在一起,富裕是因有个好邻居。

[注]

挛,牵系。

《象》曰:"有孚挛如",不独富也。

[译]

《小象传》说:"有诚信就像绳子拴在一起……",是说不愿独自富裕。

上九:既雨既处,尚德载。妇贞,厉。月几望,君子征,凶。

[译]

上九爻:雨下了,又停了,崇尚德行的积累。妇人占问,危险。月亮快圆了,君子远行,凶。

[注]

云积聚到一定程度才能下雨,德行积累到一定程度才能施予别人,所以看见雨下又停,就想起崇尚德行。处,停止。几,将到。望,农历十五,月亮圆的日子。

《象》曰:"既雨既处",德积载也。"君子征凶",有所疑也。

[译]

《小象传》说:"雨下了,又停了",说的是德行的积累啊。"君子远行凶险",是有所疑虑啊。

一〇 履

[**解题**]履,鞋子。指脚踏实地的行走。本卦讲述人如何对待行进中的各种遭遇。

☰(兑下乾上)履

虎尾,不咥人,亨。

[**译**]

行走中,踩住了老虎尾巴,不咬人。事情顺利。

[**注**]

亨,通,此处指顺利。

《彖》曰:履,柔履刚也[1]。说而应乎乾[2],是以"履虎尾,不咥人,亨"。刚中正[3],履帝位而不疚,光明也。

[**译**]

《彖传》说:行走,是柔顺踩着刚劲行走。喜悦并且和乾卦对应,所以"踩住了老虎尾巴,不咬人,事情顺利"。刚劲者居中位正位,占据着天子的位置而不觉愧疚,因为他光明正大啊。

[**注**]

① 指六三阴爻在九二之上。

② 说,悦。下卦兑为悦。

③ 指九二、九五都是阳爻居中位,而且九五阳爻为正位。

《象》曰:上天下泽,履。君子以辨上下,定民志。

[译]

《大象传》说：上面是天，下面是湖泊，其象征是履卦。君子据此辨别上下，安定民心。

[注]

上卦乾为天，下卦兑为泽，即湖泊，所以是"上天下泽"。

初九：素履往，无咎。

[译]

初九爻：穿朴素的鞋子前往，不受责备。

《象》曰：素履之往，独行愿也。

[译]

《小象传》说：穿朴素鞋子的前往，是要表现那与众不同的心愿。

九二：履道坦坦，幽人贞，吉。

[译]

九二爻：大道平平坦坦，幽人守正，吉祥。

[注]

幽人，幽居之人，比如隐士或深闺妇女。

《象》曰："幽人贞吉"，中不自乱也。

[译]

《小象传》说："幽人守正吉祥"，是由于心中不自我扰乱。

六三：眇能视，跛能履。履虎尾，咥人，凶。武人为于大君。

[译]

　　六三爻：独眼的能看，跛足的能走。踩住了老虎尾巴，咬人，凶。残暴的人做了天子。

[注]

　　眇，一目盲。跛，因腿脚有病走路颠簸。武人，崇尚暴力的人。

　　《象》曰："眇能视"，不足以有明也。"跛能履"，不足以与行也。咥人之凶，位不当也。"武人为于大君"，志刚也。

[译]

　　《小象传》说："独眼的能看"，不足以称为眼明。"跛足的能走"，不足以和人并行。咬人的凶，是由于地位不当。"残暴的人做了天子"，心肠刚硬。

　　九四：履虎尾，愬愬，终吉。

[译]

　　九四爻：踩住了老虎尾巴，哆哆嗦嗦，最终吉利。

　　《象》曰："愬愬终吉"，志行也。

[译]

　　《小象传》说："哆哆嗦嗦，最终吉利"，是志向得到了实现。

　　九五：夬履，贞，厉。

[译]

　　九五爻：果敢前行，占问，危险。

[注]

夬,坚决果断。

《象》曰:"夬履贞厉",位正当也。

[译]

《小象传》说:"果敢前行,占问,危险",由于他正处于危险的地位。

上九:视履考祥,其旋元吉。

[译]

上九爻:观察他的行为,推测他的前途,其中圆满者,最吉。

[注]

视,观察。履,走过的路,行为的痕迹。考,考察,推测。祥,吉凶祸福。旋,圆,圆满者。

《象》曰:元吉在上,大有庆也。

[译]

《小象传》说:在上位最吉,是有重大的喜庆。

一一　泰

[解题]泰,通畅,平安。本卦把对立面的交往作为通畅的主要内容。

䷊(乾下坤上)泰

小往大来,吉,亨。

[译]

通畅,小的走了,大的来了,吉利,亨通。

《彖》曰:"泰,小往大来,吉,亨。"则是,天地交而万物通也,上下交而其志同也。内阳而外阴,内健而外顺,内君子而外小人,君子道长,小人道消也。

[译]

《彖传》说:"通畅,小的走了,大的来了,吉利,亨通。"以此为准,天地交合因而万物沟通,上下交往因而志向相同。阳在内部而阴在外部,刚健在内而柔顺在外,君子在内而小人在外,君子之道发扬,小人之道消减。

[注]

内(下)卦坤为地、为下、为阴、为顺、为小人;外(上)卦乾为天、为上、为阳、为健、为君子。乾应在上而在下,坤应在下而在上,所以是天地交合,上下交往。内,指朝廷之内;外,指朝廷以外。

《象》曰:天地交,泰。后以财成天地之道,辅相天地之宜,以左右民。

[译]

《大象传》说:天地交合,其象征是泰卦。天子据此规范天地之道,辅助天地间各种适宜的本性,以此指导民众。

[注]

坤为地而处上,乾为天而处下,所以是天地交。后,君主,指作为天子的君主。财,一作裁。财成,剪裁使之不过分,规范运行。宜,适宜。

初九:拔茅茹,以其汇。征,吉。

[译]

　　初九爻:拔茅草根相连,因为它们同类。前行,吉利。

[注]

　　茹,相互连结的茅草根。汇,同类。

《象》曰:拔茅征吉,志在外也。

[译]

　　《小象传》说:拔茅草,前行吉利,因为志在外部。

九二:包荒。用冯河,不遐遗,朋亡。得尚于中行。

[译]

　　九二爻:包容糟粕渣滓。以此渡河,不有疏远和遗弃,没有帮派。这是能够崇尚中道而行。

[注]

　　荒,荒秽。冯河,徒步渡河。遐,远。中行,中道而行;中道,符合正道的言行。

《象》曰:包荒得尚于中行,以光大也。

[译]

　　《小象传》说:包容糟粕,因而能够崇尚中道而行,以此来发扬光大。

[注]

　　以渡河来发扬包荒、崇尚中行的思想。

九三:无平不陂,无往不复。艰贞无咎。勿恤其孚,于食有福。

[译]

　　九三爻：没有不会倾斜的平地，没有一去不回的事情。困难时坚贞，无过无灾。不要担忧坚贞的效果，一定能获得幸福。

[注]

　　陂，倾斜。恤，担忧。孚，信实，指期待的如期实现。食，享有。

　　《象》曰："无往不复"，天地际也。

[译]

　　《小象传》说："没有一去不回的现象"，这讲的是天地的交往。

[注]

　　无往不复，一作"无平不陂"，当译为"没有不会倾斜的平地……"。

　　六四：翩翩，不富以其邻，不戒以孚。

[译]

　　六四爻：翩翩游荡，不富裕是因为他的邻居，不以诚信互相告诫。

　　《象》曰：翩翩不富，皆失实也。"不戒以孚"，中心愿也。

[译]

　　《小象传》说：翩翩游荡不能富裕，因为他们都不干实事。"不以诚信互相告诫"，是他们心里愿意这样做。

　　六五：帝乙归妹，以祉，元吉。

[译]

六五爻:帝乙嫁他的妹妹,因为得到幸福,最吉。

[注]

祉,福。

《象》曰:"以祉元吉",中以行愿也。

[译]

《小象传》说:"因为幸福而最吉",是以中道实现了自己的志愿。

上六:城复于隍,勿用师。自邑告命,贞,吝。

[译]

上六爻:城墙塌掉到城壕里,不要兴师动众。从城里发布命令,占问,将受羞辱。

[注]

复,坍塌。隍,城壕。

《象》曰:"城复于隍",其命乱也。

[译]

《小象传》说:"城墙塌了掉到城壕里",他的命令乱套了。

一二　否

[解题]否(pǐ),闭塞不通,不交往。本卦讲述不交往的种种坏处。

䷋（坤下乾上）否

否之匪人，不利君子。贞，大往小来。

[译]

闭塞不通的不合人道，不利于君子。占问，大的去了，小的来了。

[注]

匪人，不合人道，特指男女交合之道。

《彖》曰："否之匪人，不利君子。贞，大往小来。"则是，天地不交而万物不通也，上下不交而天下无邦也。内阴而外阳，内柔而外刚，内小人而外君子。小人道长，君子道消也。

[译]

《彖传》说："闭塞不通的不合人道，不利于君子。占问，大的去了，小的来了。"以此为准，天地不交合万物就不相通，上下不交往天下就不会有国家。阴在内而阳在外，柔顺在内而刚劲在外，小人在内而君子在外。这是小人之道在发扬，而君子之道在消减啊！

《象》曰：天地不交，否。君子以俭德辟难，不可荣以禄。

[译]

《大象传》说：天地不交合，其象征是否卦。君子据此以面临危险时避难，不可以追求荣禄。

[注]

乾为天本来在上，坤为地本来在下，都原样不动，所以是"天地不交"。俭，四库本认为应作险；荣，应作营。

初六:拔茅茹,以其汇。贞,吉,亨。

[译]

　　初六爻:拔茅草根相连,因为它们同类。占问,吉祥,亨通。

《象》曰:拔茅贞吉,志在君也。

[译]

　　《小象传》说:拔茅草占问吉祥,因为他的心在君主身上。

六二:包承,小人吉,大人否。亨。

[译]

　　六二爻:包容和承受,小人吉利,大人行不通。进行沟通。

《象》曰:"大人否,亨",不乱群也。

[译]

　　《小象传》说:"……大人行不通。进行沟通。"是说小人、大人的界限不混淆。

六三:包羞。

[译]

　　六三爻;忍受羞辱。

《象》曰:"包羞",位不当也。

[译]

　　《小象传》说:"忍受羞辱",是地位不适当。

九四:有命无咎。畴离祉。

［译］

　　九四爻：有君主的命令，无过无灾。同伙攀附这福气。

［注］

　　畴，同类。离，附丽。

　　《象》曰：“有命无咎”，志行也。

［译］

　　《小象传》说：“有君主的命令，无过无灾”，因为志向实现了。

　　九五：休否，大人吉。其亡其亡，系于苞桑。

［译］

　　九五爻：停止闭塞不通，大人吉利。会灭亡吗，会灭亡吗，好像拴在桑树根上一样稳当。

　　《象》曰：大人之吉，位正当也。

［译］

　　《小象传》说：大人的吉利，是由于地位正当。

　　上九：倾否。先否后喜。

［译］

　　上九爻：倾覆闭塞不通。先闭塞不通，然后欢喜。

　　《象》曰：否终则倾，何可长也！

［译］

　　《小象传》说：闭塞不通到达终点就要被倾覆，怎么能够久长！

一三　同人

[解题]同人,和别人的步调相同。本卦讲述了在不同场合和大家步调一致的不同情况。

　　☰(离下乾上)同人

　　于野,亨。利涉大川,利君子贞。

[译]

　　在野外和大家步调一致,就会亨通。宜于涉渡大河,宜于君子占问。

　　《彖》曰:同人,柔得位得中①,而应乎乾,曰同人。同人曰:"同人于野,亨,利涉大川。"乾行也。文明以健,中正而应②,君子正也。唯君子为能通天下之志。

[译]

　　《彖传》说:和大家步调一致的意思是,阴柔得到了自己的位置并且是得到中位,因而响应刚健的乾卦,叫做和大家步调一致。同人卦说:"在野外和大家步调一致,就会亨通,宜于涉渡大河。"是和刚健的乾行为一致。文教昌明又健动,处心中正能响应,这是君子的端正。只有君子能够使天下人的意志相通。

[注]

①　柔得位得中,指六二阴爻居中位。

②　文明以健,指乾卦;中正而应,指六二阴爻。文明,文治昌明;文治,与武功相对。

《象》曰:天与火,同人。君子以类族辨物。

[译]

《大象传》说:天与火,其象征是同人卦。君子据此分别宗族、辨别事物。

[注]

上卦乾为天,下卦离为火,所以是"天与火"。

初九:同人于门,无咎。

[译]

初九爻:在门口和大家步调一致,不受责备。

《象》曰:出门同人,又谁咎也?

[译]

《小象传》说:出门就和大家步调一致,还有谁来责备呢?

六二:同人于宗,吝。

[译]

六二爻:在宗族内和大家步调一致,要受羞辱。

《象》曰:"同人于宗",吝道也。

[译]

《小象传》说:"在宗族内和大家步调一致",是遭受羞辱的做法。

九三:伏戎于莽,升其高陵,三岁不兴。

[译]

九三爻:伏兵于草丛之中,登上高岗瞭望,三年不敢发动。

《象》曰:"伏戎于莽",敌刚也。"三岁不兴",安行也?

[译]

《小象传》说:"伏兵于草丛之中",因为敌人强大啊。"三年不敢发动",他怎么敢动?

九四:乘其墉,弗克攻,吉。

[译]

九四爻:登上城墙,没能攻开城,吉利。

[注]

墉,城墙。

《象》曰:"乘其墉",义弗克也。其吉,则困而反则也。

[译]

《小象传》说:"登上城墙",本来就不能攻开城。这样做之所以吉利,是由于在困窘时回归原则。

九五:同人,先号咷而后笑,大师克相遇。

[译]

九五爻:和大家步调一致,先嚎啕大哭,然后哈哈大笑。大军战胜以后相遇。

《象》曰:同人之先,以中直也。大师相遇,言相克也。

[译]

《小象传》说:和大家步调一致之初的嚎啕,因为中正而刚直。大军相遇,说的是战胜了。

上九：同人于郊，无悔。

[译]

上九爻：在郊外和大家步调一致，没有悔恨。

《象》曰："同人于郊"，志未得也。

[译]

《小象传》说："在郊外和人步调一致……"，因为志向没有实现。

一四　大有

[解题]大有，大拥有，拥有最重大的东西。本卦讲述的就是古代社会那些最重大的所有。

☲（乾下离上）大有

元，亨。

[译]

大拥有，开始，先进行沟通。

《象》曰：大有，柔得尊位，大中而上下应之，曰大有。其德刚健而文明，应乎天而时行，是以元亨。

[译]

《彖传》说：大拥有，柔顺得居尊位，处于最重要的中位而且上下都响应它，这就是大有。它的品质刚健又文治昌明，顺应上天并且按时行动，所以最亨通。

[注]

六五阴爻就是"柔得尊位"。五阳归属它,所以是大拥有。"其德",它的品质。

《象》曰:火在天上,大有。君子以遏恶扬善,顺天休命。

[译]

《大象传》说:火在天上,其象征是大有。君子据此抑恶扬善,顺从上天美好的命令。

[注]

上卦离为火,下卦乾为天,所以是"火在天上"。休,美好。

初九:无交害,匪咎。艰则无咎。

[译]

初九爻:没有互相损害的事,就不是过错。艰难之中就会无过无灾。

《象》曰:大有初九,无交害也。

[译]

《小象传》说:大有的初九爻,说的是没有互相损害。

九二:大车以载,有攸往,无咎。

[译]

九二爻:用大车装载,无论到什么地方,都会无过无灾。

《象》曰:"大车以载",积中不败也。

[译]

《小象传》说:"用大车装载……",因为放在当中,所以不会失败。

[注]

积中,积于中。车大,被载之物可以放在中间。

九三:公用亨于天子,小人弗克。

[译]

九三爻:公爵有贡品献给天子,小人不能。

[注]

亨,通享,献的意思。《左传·僖公二十五年》,晋文公与秦国作战,曾占到此卦"公用享于天子"。意思是说,如果得胜,可以把战果归于天子。克,能够。

《象》曰:"公用亨于天子",小人害也。

[译]

《小象传》说:"公爵有贡品献给天子",是小人的灾难。

九四:匪其彭,无咎。

[译]

九四爻:不以兴盛自居,无过无灾。

[注]

匪,非。彭,鼓声,借以形容兴盛的样子。一说彭为尪,即男巫或邪曲之人。

《象》曰:"匪其彭无咎",明辩皙也。

[译]

　　《小象传》说:"不以兴盛自居,无过无灾",是精通事理而明智。

[注]

　　晢,明察,睿智。

　　六五:厥孚交如,威如,吉。

[译]

　　六五爻:他的信义昭著啊,威风凛凛啊,吉利。

[注]

　　交,通皎。

　　《象》曰:"厥孚交如",信以发志也。威如之吉,易而无备也。

[译]

　　《小象传》说:"他的信义昭著啊",这是用信誉发扬自己的志向。威风凛凛的吉利,是因为人太随便就会不被防备。

[注]

　　易,简单、随便。

　　上九:自天佑之,吉,无不利。

[译]

　　上九爻:有上天保佑,吉祥,没有任何不利。

　　《象》曰:大有上吉,自天佑也。

[译]

　　《小象传》说:大有卦最上一爻仍然吉利,这是有上天的保佑。

一五 谦

[解题]谦,谦虚、谦逊、谦恭。本卦赞扬谦虚的各种好处,认为无论天地鬼神还是人,都喜欢谦虚。

☷(艮下坤上)谦

亨。君子有终。

[译]

谦虚,进行沟通。君子有好结局。

《彖》曰:谦,亨,天道下济而光明,地道卑而上行。天道亏盈而益谦,地道变盈而流谦,鬼神害盈而福谦,人道恶盈而好谦。谦,尊而光,卑而不可逾,君子之终也。

[译]

《彖传》说:谦虚,亨通,天道是恩惠下施而大放光明,地道是居于卑下而向上行动。天道减损盈满来补益谦虚,地道改变盈满来传播谦虚,鬼神损害盈满来福佑谦虚,人道憎恶盈满而喜好谦虚。谦虚,尊贵而光荣,卑下而不可逾越,这是君子的归宿啊。

《象》曰:地中有山,谦。君子以哀多益寡,称物平施。

[译]

《大象传》说:地中有山,其象征是谦卦。君子据此损减盛多而补益寡少,权衡事物而公平施予。

［注］

　　上卦坤为地,下卦艮为山,所以是"地中有山"。

　　初六:谦谦君子,用涉大川,吉。

［译］

　　初六爻:谦虚而又谦虚的君子,以此去涉渡大河,吉利。

　　《象》曰:"谦谦君子",卑以自牧也。

［译］

　　《小象传》说:"谦虚而又谦虚的君子",用谦卑来制约自己。

　　六二:鸣谦,贞,吉。

［译］

　　六二爻:知名的谦虚,占问,吉利。

［注］

　　鸣,声名在外。

　　《象》曰:"鸣谦贞吉",中心得也。

［译］

　　《小象传》说:"知名的谦虚,占问吉利",是心中确实谦虚。

［注］

　　中心,即心中。得,确有所得。

　　九三:劳谦,君子有终,吉。

［译］

　　九三爻:有功劳而谦虚,君子有好结局,吉利。

《象》曰:劳谦君子,万民服也。

[译]

　　《小象传》说:有功劳而谦虚的君子,所有的民众都服气啊。

　　六四:无不利,捣谦。

[译]

　　六四爻:无所不利,发挥谦虚。

[注]

　　捣,处处运用,发挥。

　　《象》曰:"无不利捣谦",不违则也。

[译]

　　《小象传》说:"无所不利,发挥谦虚",是不违背规则啊!

　　六五:不富以其邻,利用侵伐,无不利。

[译]

　　六五爻:不富有,是因为它的邻居,宜于兴兵讨伐,无所不利。

　　《象》曰:"利用侵伐",征不服也。

[译]

　　《小象传》说:"宜于兴兵讨伐",是进攻那不肯归服的。

　　上六:鸣谦,利用行师,征邑国。

[译]

　　上六爻:知名的谦虚,利于兴兵,进攻别的城邦国家。

《象》曰:鸣谦,志未得也。可用行师,征邑国也。

[译]

《小象传》说:知名谦虚,志向未能实现。可以兴兵,去进攻别的城邦国家。

一六　豫

[解题]豫,欢乐,舒畅。本卦讲述欢乐的重要作用以及如何对待欢乐。

☷☳(坤下震上)豫

利建侯行师。

[译]

欢畅,利于封建诸侯,兴兵作战。

《彖》曰:豫,刚应而志行①,顺以动②,豫。豫,顺以动,故天地如之,而况建侯行师乎? 天地以顺动,故日月不过而四时不忒。圣人以顺动,则刑罚清而民服。豫之时义大矣哉!

[译]

《彖传》说:欢畅,阳刚响应因而志向实现,顺情而行动,欢畅。欢畅,顺情而行动,所以天地也如此,何况封建诸侯、兴兵作战呢? 天地根据顺应的原则行动,所以日月不过度而四季不错位。圣人根据顺应的原则行动,就会司法公正因而民众服从。欢畅时期,意义是非常深远的啊!

[注]

① 刚应,指九四阳爻和初六阴爻相应。

②　下卦坤为顺,上卦震为动,所以是"顺以动"。

《象》曰:雷出地奋,豫。先王以作乐崇德,殷荐之上
帝,以配祖考。
[译]

　　《大象传》说:雷声响起,大地振奋,其象征是豫卦。先王据此
创作乐曲,颂扬功德,隆重地进献给上帝,让已故的祖先和上帝
共享。
[注]

　　上卦震为雷,下卦坤为地,所以说"雷出地奋"。

　　初六:鸣豫,凶。
[译]

　　初六爻:享乐出了名,凶。

　　《象》曰:初六鸣豫,志穷凶也。
[译]

　　《小象传》说:初六爻说的享乐出了名,是心愿满足到极点
而带来的凶啊。

　　六二:介于石,不终日,贞,吉。
[译]

　　六二爻:像岩石一样坚定不移,不到一天完了,占问,吉利。
[注]

　　介,坚定不移。

《象》曰："不终日贞吉"，以中正也。

[译]

　　《小象传》说："……不到一天完了,占问就吉利",因处心公平正直。

[注]

　　中正,指六二阴爻得正位、中位。象征人处心行事公平正直,或处于重要位置。

　　六三:盱豫,悔迟,有悔。

[译]

　　六三爻:眼巴巴地看着别人享乐,觉悟得晚,就一定悔恨。

[注]

　　盱(xū),睁大眼睛朝上看。

《象》曰:盱豫有悔,位不当也。

[译]

　　《小象传》说:"眼巴巴地看着别人享乐",是自己没有适当的地位啊。

　　九四:由豫,大有得。勿疑,朋盍簪。

[译]

　　九四爻:由此而欢乐,大有收获。不必疑虑,朋友们会很快到来。

[注]

　　盍,集合。簪,迅速。

《象》曰:"由豫大有得",志大行也。

[译]

　　《小象传》说:"由此而欢乐,大有收获",是志向充分地实现了。

　　六五:贞疾,恒不死。

[译]

　　六五爻:占问疾病,离死还远着呢。

[注]

　　恒,此处的意思是时间还长。

　　《象》曰:六五贞疾,乘刚也。"恒不死",中未亡也。

[译]

　　《小象传》说:六五爻占问疾病,因为它凌驾于阳刚之上。"离死尚远",因为心还在跳。

[注]

　　本爻也象征尚居于重要的中位,因而不会很快灭亡。

　　上六:冥豫,成有渝,无咎。

[译]

　　上六爻:糊里糊涂地欢乐,形成以后如能改变,就无过无灾。

　　《象》曰:冥豫在上,何可长也?

[译]

　　《小象传》说:"糊里糊涂地欢乐",怎么能够久长?

一七　随

[**解题**]随,随从,追随。本卦讲述随从和追随别人时遇到的种种问题。

☲(震下兑上)随

元,亨,利贞。无咎。

[**译**]

追随,开始,先行沟通,利于占问。无过无灾。

《彖》曰:随,刚来而下柔①,动而说②,随。大亨,贞③,无咎,而天下随时。随时之义大矣哉!

[**译**]

《彖传》说:追随,阳刚前来处于阴柔之下,健动而又喜悦,就是追随。大亨通,利于坚贞,无过无灾,而天下所追随的,是时宜。追随时宜,其意义是非常伟大的啊。

[**注**]

① 随上卦兑为阴卦,下卦震为阳卦,所以是"刚来下柔"。

② 说,即悦。震为动,兑为悦,所以是"动而悦"。

③ 四库本认为,贞前脱利字。

《象》曰:泽中有雷,随。君子以向晦入宴息。

[**译**]

《大象传》说:泽中有雷,其象征是随卦。君子据此向晚而入室休息。

[注]

　　上卦兑为泽,下卦震为雷,所以说"泽中有雷"。

　　初九:官有渝,贞,吉。出门交有功。

[译]

　　初九爻:管事的有改变,占问,吉祥。到外边做事,连连成功。

　　《象》曰:"官有渝",从正吉也。"出门交有功",不失也。

[译]

　　《小象传》说:"管事的有改变",追随正道吉祥。"到外边做事连连成功",因为没有过失。

　　六二:系小子,失丈夫。

[译]

　　六二爻:拴住小子,丢掉了丈夫。

　　《象》曰:"系小子",弗兼与也。

[译]

　　《小象传》说:"拴住了小子……",因为不能兼顾啊。

　　六三:系丈夫,失小子。随有求得。利居贞。

[译]

　　六三爻:拴住丈夫,丢掉了小子。追随而有所求,必得。利于坚守正道。

《象》曰："系丈夫"，志舍下也。

[译]

《小象传》说："拴住丈夫……"，是立志抛弃卑下的小人。

　　九四：随有获，贞，凶。有孚在道以明，何咎？

[译]

九四爻：追随而有收获，占问，凶险。有诚信，走正道，以此表明，有什么过错？

《象》曰："随有获"，其义凶也。"有孚在道"，明功也。

[译]

《小象传》说："追随而有收获"，这样做本来就凶险。"有诚信走正道……"，是表明功劳。

　　九五：孚于嘉，吉。

[译]

九五爻：真诚地追随美善，吉利。

[注]

嘉，美善。

《象》曰："孚于嘉吉"，位正中也。

[译]

《小象传》说："真诚地追随美善，吉利"，因为他处于正当而重要的中位。

　　上六：拘系之，乃从维之，王用亨于西山。

[译]

上六爻：紧紧地追随他，又用绳子拴住他，天子在西山举行祭祀。

《象》曰："拘系之"，上穷也。
[译]

《小象传》说："紧紧地追随他……"，这是上位者到了穷途末路了。

一八　蛊

[解题]蛊，腹中虫，或咬吃谷物使之成为空壳的虫子。引申为诱惑人心使事情败坏之人之事。在本卦中，蛊，指麻烦事。本卦讲述的就是面对各种麻烦、特别是父母留下的麻烦该如何对待。

☶（巽下艮上）蛊

元，亨。利涉大川。先甲三日，后甲三日。
[译]

麻烦事，开始，先行沟通。宜于涉渡大河。（时间在）甲前三日，甲后三日。
[注]

甲，古代记日的第一个符号。其下依次为：乙、丙、丁、戊、己、庚、辛、壬、癸。十个符号周而复始。甲前三日为辛日，甲后三日为丁日。

《彖》曰：蛊，刚上而柔下[1]，巽而止[2]，蛊。蛊元亨，而天下治也。"利涉大川",往有事也。"先甲三日,后甲三日",终则有始,天行也。

[译]

　　《彖传》说:麻烦事,阳刚在上而阴柔在下,卑顺而息止,麻烦。有麻烦之后开始亨通,天下就治理好了。"宜于涉渡大河",是要前去做事。"甲前三日,甲后三日",这是终而复始,天体的运行。

[注]

　　① 上卦艮为阳卦,下卦巽为阴卦,所以是"刚上而柔下"。
　　② 止,上卦艮为止。

　　《象》曰:山下有风,蛊。君子以振民育德。

[译]

　　《大象传》说:山下有风,其象征是蛊卦。君子据此以振刷民风,培育德行。

[注]

　　上卦艮为山,下卦巽为风,所以是"山下有风"。

　　初六:干父之蛊,有子,考无咎。厉终吉。

[译]

　　初六爻:矫治父亲的麻烦事,是好儿子,父亲可以不受责备。危险,终究吉利。

[注]

　　干,担当,做骨干,引申为矫正和治理。考,已故的父亲。古代父亲健在也称考。

《象》曰："干父之蛊"，意承考也。

[译]

《小象传》说："矫治父亲的麻烦事"，目的是要继承父亲的事业。

九二：干母之蛊，不可贞。

[译]

九二爻：矫治母亲的麻烦事，不可坚贞。

[注]

即不可强硬。

《象》曰："干母之蛊"，得中道也。

[译]

《小象传》说："矫治母亲的麻烦事……"，是符合中道的。

九三：干父之蛊，小有悔，无大咎。

[译]

九三爻：矫治父亲的麻烦事，有些小悔恨，没有大麻烦。

《象》曰："干父之蛊"，终无咎也。

[译]

《小象传》说："矫治父亲的麻烦事"，到底不会有什么事。

六四：裕父之蛊，往见吝。

[译]

六四爻：宽容父亲的麻烦事，这样下去要受羞辱。

《象》曰:"裕父之蛊",往未得也。

[译]

　　《小象传》说:"宽容父亲的麻烦事……",是处事不当。

　　六五:干父之蛊,用誉。

[译]

　　六五爻:矫治父亲的麻烦事,获得了赞誉。

　　《象》曰:干父用誉,承以德也。

[译]

　　《小象传》说:矫治父亲的麻烦事获得了赞誉,是因为继承了父亲的德行。

　　上九:不事王侯,高尚其事。

[译]

　　上九爻:不为天子诸侯服务,觉得自己行为高尚。

　　《象》曰:"不事王侯",志可则也。

[译]

　　《小象传》说:"不为天子诸侯服务",这样的志向值得学习。

一九　临

　　[解题]临,监视,特指上级监视下级,转义为治理。本卦讲述治理民众的一些问题。

䷒(兑下坤上)临

元,亨,利贞。至于八月有凶。

[译]

临,开始,先行沟通,宜于占问。到了八月将有大祸发生。

《彖》曰:临,刚浸而长①,说而顺②,刚中而应③,大亨以正,天之道也。"至于八月有凶",消,不久也。

[译]

《彖传》说:临,阳刚逐渐成长,喜悦又温顺,阳刚居于中位并且得到响应,非常亨通又行为端正,这是天道啊。"到了八月将有大祸发生",是说要消亡,不会长久了。

[注]

① 刚浸而长,指下卦初二皆阳爻。

② 说,即悦。下卦兑为悦,上卦坤为顺,所以是悦而顺。

③ 刚中而应,指九二阳爻和六五阴爻相应。

《象》曰:泽上有地,临。君子以教思无穷,容保民无疆。

[译]

《大象传》说:泽上有地,其象征是临卦。君子据此永不停止地思考教化问题,包容和保护天下广大的民众。

[注]

上卦坤为地,下卦兑为泽,所以是泽上有地。

初九:咸临,贞,吉。

[译]

初九爻:以感化的方式治理,占问,吉利。

[注]

咸,感。

《象》曰:"咸临贞吉",志行正也。

[译]

《小象传》说:"用感化的方式治理,占问,吉利",是立志实行正道。

九二:咸临,吉,无不利。

[译]

九二爻:以感化的方式治理,吉利,无所不利。

《象》曰:"咸临吉无不利",未顺命也。

[译]

《小象传》说:"以感化的方式治理,吉利,无所不利",由于没有顺从命令。

六三:甘临,无攸利。既忧之,无咎。

[译]

六三爻:用甜言蜜语治理,没有什么好处。不久就忧虑此事,没有灾难。

[注]

既,既而。

《象》曰:"甘临",位不当也。"既忧之",咎不长也。

［译］

《小象传》说："用甜言蜜语治理"，是没有适当的地位。"不久就忧虑此事"，灾难就不会久长。

六四：至临，无咎。

［译］

六四爻：亲自治理，无过无灾。

《象》曰："至临无咎"，位当也。

［译］

《小象传》说："亲自治理，无过无灾"，是位置适当。

六五：知临，大君之宜，吉。

［译］

六五爻：以智慧治理，是天子所适用的，吉利。

［注］

知，即智。

《象》曰："大君之宜"，行中之谓也。

［译］

《小象传》说："……是天子所适用的"，说的是实行中道。

上六：敦临，吉，无咎。

［译］

上六爻：以敦厚的方式治理，吉利，无过无灾。

《象》曰:敦临之吉,志在内也。

[译]

《小象传》说:敦厚治理的吉利,是把心思用在内部。

二〇　观

[**解题**]观,观看、视察、瞻仰、观礼,都叫做观。本卦讲不同的人有不同的观察。

䷓(坤下巽上)观

　盥而不荐,有孚颙若。

[译]

　观察,洗手而没有进献酒食,就十分虔诚庄严。

[注]

　盥,开始祭祀时的净手仪式。荐,进献酒食。颙若,庄严肃穆的样子。一说盥为以酒灌地,是祭祀中最值得瞻仰的阶段。

《彖》曰:大观在上。顺而巽,中正以观天下,观。"盥而不荐,有孚颙若",下观而化也。观天之神道,而四时不忒。圣人以神道设教,而天下服矣!

[译]

《彖传》说:值得观看的在上面。温顺又谦逊,处心公正来观察天下,叫做观。"洗手而没有进献酒食,就十分虔诚庄严",是下面的因观礼而被感化啊!观察天的神道,是四季运行没有差错。圣人借助神道来教化民众,天下人就信服了。

《象》曰：风行地上，观。先王以省方、观民、设教。

[译]

《大象传》说：风在大地上运行，其象征是观卦。先王据此巡视各地，观察民情，进行教化。

[注]

上卦巽为风，下卦坤为地，所以是风行地上。省，视察。方，各个方向，各地。

初六：童观，小人无咎，君子吝。

[译]

初六爻：儿童的观察，小人物不受责备，君子要受羞辱。

[注]

儿童的观察浮浅。

《象》曰：初六童观，小人道也。

[译]

《小象传》说：初六爻儿童的观察，是小人物的行事之道。

六二：窥观，利女贞。

[译]

六二爻：偷看，宜于女子坚贞。

《象》曰：窥观女贞，亦可丑也。

[译]

《小象传》说：偷看女子的贞操，是多么丢丑的事啊！

六三:观我生,进退。

[译]

六三爻:观察我的行为,或进或退。

[注]

我生,我的行为。一说我的臣民。

《象》曰:"观我生,进退",未失道也。

[译]

《小象传》说:"观察我的行为,或进或退",没有丧失正道。

六四:观国之光,利用宾于王。

[译]

六四爻:观看国家的光荣,宜于做天子的宾客。

《象》曰:"观国之光",尚宾也。

[译]

《小象传》说:"观看国家的光荣",这是上等的宾客。

[注]

尚,上。

九五:观我生,君子无咎。

[译]

九五爻:观察我的行为,君子无过无灾。

《象》曰:"观我生",观民也。

[译]

《小象传》说:"观察我的行为",也就是观察民众。

上九:观其生,君子无咎。

[译]

上九爻:观察他的行为,君子无过无灾。

《象》曰:"观其生",志未平也。

[译]

《小象传》说:观察他的行为,心里不平衡。

二一　噬嗑

[解题]噬,咬东西。嗑,合。噬嗑,在嘴里咀嚼东西。本卦引申到审案、用刑,并讲述了古代的各种刑罚。

☲(震下离上)噬嗑

亨。利用狱。

[译]

咀嚼,进行沟通。宜于审案。

[注]

用狱,审案。

《彖》曰:颐中有物,曰噬嗑。噬嗑而亨,刚柔分[①],动而明[②],雷电合而章[③]。柔得中而上行[④],虽不当位,利用狱也。

[译]

《彖传》说:嘴里有东西,叫咀嚼。咀嚼而亨通,阳刚阴柔均分,运动而且明亮,雷电交加光彩夺目。阴柔得居中位而向上行进,虽然不是她的位置,但利于审案啊。

［注］

① 刚柔分,指本卦阳爻、阴爻数目相等。

② 动而明,下卦震为动,上卦离为明。

③ 雷电合,震为雷,离为火为电。震离成一卦,为雷电合。
章,文采鲜明。

④ 六二、六五都是阴爻,是柔得中。

《象》曰:雷电,噬嗑。先王以明罚敕法。

［译］

《大象传》说:雷和电,其象征是噬嗑卦。先王据此以公开
处罚罪犯,整顿法令。

［注］

上卦离为明为闪电,下卦震为雷,所以是"雷电"。敕,整顿。

初九:屦校灭趾,无咎。

［译］

初九爻:带上脚枷,砍掉脚趾,不会再出问题了。

［注］

屦,鞋子。校,木制刑具。屦校,穿上木制的刑具。

《象》曰:"屦校灭趾",不行也。

［译］

《小象传》说:"带上脚枷,砍掉脚趾……",因为不能行
动了。

六二:噬肤,灭鼻,无咎。

[译]

　　六二爻：咬住皮肤,啃掉鼻子,不受责备。

　　《象》曰："噬肤灭鼻",乘刚也。
[译]

　　《小象传》说："咬住皮肤,啃掉鼻子",是欺凌阳刚啊。

　　六三：噬腊肉,遇毒,小吝,无咎。
[译]

　　六三爻：吃腊肉,遇毒,有小麻烦,不受责备。

　　《象》曰："遇毒",位不当也。
[译]

　　《小象传》说："遇毒",是地位不适当。

　　九四：噬干胏,得金矢,利艰贞,吉。
[译]

　　九四爻：吃带骨的干肉,发现了金属箭头,利于艰难情况下坚贞,吉利。
[注]

　　胏,带骨的干肉。

　　《象》曰："利艰贞吉",未光也。
[译]

　　《小象传》说："利于艰难情况下坚贞,吉利。"由于还没有发扬光大。

六五：噬干肉，得黄金，贞，厉，无咎。

[译]

六五爻：吃干肉，发现了黄金，占问，危险，不受责备。

《象》曰："贞厉无咎"，得当也。

[译]

《小象传》说："占问危险却不受责备"，因为处理得当。

上九：何校灭耳，凶。

[译]

上九爻：肩上带枷，弄坏了耳朵，凶。

[注]

何，荷，负担。

《象》曰："何校灭耳"，聪不明也。

[译]

《小象传》说："肩上带枷，弄坏了耳朵"，听觉就不清楚了。

[注]

聪，听觉。

二二　贲

[解题]贲，文饰。人类的生活方式，包括政治、经济制度等等，就是人类的文饰，称为人文。与人文相对的是天文，即日月星辰的布列运行，山河大地的结构，直到草木鸟兽的构造、形态。本卦从整个宇宙、整个人类的文饰，讲到人类在某一方面的具体文饰，阐

述它们的作用。

䷕（离下艮上）贲

　　亨。小利有攸往。

［译］

　　文饰，进行沟通。多少有利于采取行动。

［注］

　　这里的往，指进行文饰。即文饰还是小有好处的。小，一说为不。

　　《彖》曰：贲，亨。柔来而文刚[1]，故亨。分刚上而文柔[2]，故“小利有攸往”。刚柔交错，天文也；文明以止[3]，人文也。观乎天文，以察时变；观乎人文，以化成天下。

［译］

　　《彖传》说：贲，亨通。阴柔前来文饰阳刚，所以亨通。分出了阳刚向上去文饰阴柔，所以是“多少有利于采取行动”。刚强和柔韧相互交错，这是天文；文饰鲜明使天下安宁，这是人文。观察天文，是为了弄清时势的变化；观察人文，是为了成功地教化天下。

［注］

① 说法不一。一说下卦本是乾，上卦本是坤。坤的上爻来居六二，因此成为上艮下离。所以说是“柔来而文刚”。

② 分刚上而文柔，一种说法认为，乾的中爻向上成了坤的上爻，因此成为下离上艮。其他的说法也都说得通。

③ 下卦离为明，上卦艮为止。文饰鲜明以后就停止，所以是“文明以止”。

《象》曰:山下有火,贲。君子以明庶政,无敢折狱。

[译]

　　《大象传》说:山下有火,其象征是贲卦。君子据此明确一般的行政措施,不敢审案用刑。

[注]

　　上卦艮为山,下卦离为火,所以是"山下有火"。

　　初九:贲其趾,舍车而徒。

[译]

　　初九爻:文饰他的脚,下车步行。

《象》曰:"舍车而徒",义弗乘也。

[译]

　　《小象传》说:"下车步行",本来就不该乘车的。

　　六二:贲其须。

[译]

　　六二爻:文饰他的胡须。

《象》曰:"贲其须",与上兴也。

[译]

　　《小象传》说:"文饰胡须",是要与上面一起行动。

[注]

　　兴,兴起。

　　九三:贲如濡如,永贞吉。

[译]

　　九三爻:多么华丽啊,多么水灵啊,永远坚贞,吉利。

[注]

　　濡,打湿。

　　《象》曰:永贞之吉,终莫之陵也。

[译]

　　《小象传》说:永远坚贞的吉利,始终无人敢于欺凌。

　　六四:贲如皤如,白马翰如。匪寇,婚媾。

[译]

　　六四爻:多么华丽啊,多么白净啊,白马像鸟儿一样地飞跑啊。不是贼寇,是迎亲的人儿。

[注]

　　皤,白。翰,鸟。

　　《象》曰:六四当位,疑也。“匪寇婚媾”,终无尤也。

[译]

　　《小象传》说:六四爻位置适当,对此产生了怀疑。“不是贼寇,是迎亲的人儿”,到底没有过失。

[注]

　　尤,过失。

　　六五:贲于丘园,束帛戋戋。吝,终吉。

[译]

　　六五爻:装饰贫寒的家园,束扎的丝帛少得可怜。有点丢人,但最终吉利。

[注]

　　丘园,山丘上的园子。戋戋,少的样子。

　　《象》曰:六五之吉,有喜也。

[译]

　　《小象传》说:六五爻的吉利,是有了喜事啊。

　　上九:白贲,无咎。

[译]

　　上九爻:不文饰,无过无灾。

[注]

　　白,素白,不文饰。

　　《象》曰:"白贲无咎",上得志也。

[译]

　　《小象传》说:"不文饰,无过无灾",是居于上位,实现了志向。

二三　剥

　　[解题]剥,割取,剥去。本卦讲述有关剥落的一些问题。

　　▤▤(坤下艮上)剥

　　不利有攸往。

[译]

　　剥落,不利于有所行动。

《彖》曰:剥,剥也,柔变刚也^①。"不利有攸往",小人长也。顺而止之^②,观象也。君子尚消息盈虚,天行也。

[译]

《彖传》说:剥去,就是割取的意思,阴柔变成了阳刚啊。"不利于有所行动",因为小人在管事啊。温顺并且止步不前,是要观察情况啊。君子重视消长盛衰的变化,因为这是天的运行啊。

[注]

① 本卦只有上爻是阳爻,被认为是柔变成了刚。

② 顺而止,下卦坤为顺,上卦艮为止。

《象》曰:山附于地,剥。上以厚下安宅。

[译]

山附着在地上,其象征是剥卦。上司据此厚待下属,使他们安居。

[注]

上卦艮为山,下卦坤为地,所以是"山附于地"。

初六:剥床以足,蔑。贞,凶。

[译]

初六爻:去掉床的脚,全去了。占问,凶。

《象》曰:"剥床以足",以灭下也。

[译]

《小象传》说:"去掉床的脚",就是消灭了基础。

六二:剥床以辨,蔑。贞,凶。

[译]

　　六二爻:去掉床的腿,全去完。占问,凶。

[注]

　　辨,床足之上,床身之下,指床腿。

《象》曰:"剥床以辨",未有与也。

[译]

　　《小象传》说:"去掉床的腿",就没有支持了。

六三:剥之,无咎。

[译]

　　六三爻:去掉它,无过无灾。

《象》曰:"剥之无咎",失上下也。

[译]

　　《小象传》说:"去掉它,无过无灾",因为摆脱了上下。

六四:剥床以肤,凶。

[译]

　　六四爻:去掉床板,凶。

[注]

　　以前注家多认为肤指人的皮肤。和初、二联系起来看,以指床板较妥。

《象》曰:"剥床以肤",切近灾也。

[译]

　　《小象传》说："去掉床板"，非常接近灾祸了。

　　六五：贯鱼以宫人宠，无不利。

[译]

　　六五爻：有次序地宠幸后妃们，没有什么不利。

[注]

　　贯鱼，即鱼贯，鱼群游动时一个接着一个，象征次序。宠，古代君主和后（主妻）妃（次妻）们做爱，这被认为是君主给予后妃们的恩惠和幸福，所以又称宠幸或简称幸。

　　《象》曰："以宫人宠"，终无尤也。

[译]

　　《小象传》说："宠幸后妃们"，终究没有什么过失。

　　上九：硕果不食。君子得舆，小人剥庐。

[译]

　　上九爻：丰硕的果实不吃。君子得到了车子，小人就扒人房屋。

[注]

　　得舆，比喻君子居上位得到拥护。剥庐，是说小人居上位就要扒掉民众们的房子。

　　《象》曰："君子得舆"，民所载也。"小人剥庐"，终不可用也。

[译]

　　《小象传》说："君子得到车子"，是民众所承载的啊。"小人就扒人房屋",所以始终不能用他。

二四　复

[**解题**]复,复归、反复。本卦讲述复归或者反复的一些道理。

☷(震下坤上)复

亨。出入无疾,朋来无咎。反复其道,七日来复。利有攸往。

[**译**]

复归,进行沟通。出入没有疾病,朋友到来,无过无灾。在路上来来往往,七天就回来了。宜于有所行动。

《彖》曰:复,亨。刚反,动而以顺行,是以"出入无疾,朋来无咎"。"反复其道,七日来复",天行也。"利有攸往",刚长也。复,其见天地之心乎!

[**译**]

《彖传》说:复归,亨通。阳刚返回,运动按照顺的方向行进,所以"出入没有疾病,朋友到来,无过无灾"。"在路上来来往往,七天就回来",这是天的运行。"宜于有所行动",是阳刚在增长。复归,就可以见到天地的心意了吧!

《象》曰:雷在地中,复。先王以至日闭关,商旅不行,后不省方。

[**译**]

《大象传》说:雷在地中,其象征是复卦。先王到冬至这天就封闭关卡,商人和旅客不能通过,天子也不视察各地。

[注]

下卦震为雷,上卦坤为地,所以是"雷在地中"。

初九:不远,复,无祗悔,元吉。

[译]

初九爻:不远就复归,不会太悔恨,最吉利。

[注]

祗,大;一说祗为灾。

《象》曰:不远之复,以修身也。

[译]

《小象传》说:出离不远的复归,是用来进行道德修养的啊。

[注]

不要到铸成大错。

六二:休复,吉。

[译]

六二爻:复归于美好,吉利。

《象》曰:休复之吉,以下仁也。

[译]

《小象传》说:复归美好的吉利,是因为他尊重仁德啊。

六三:频复,厉,无咎。

[译]

　　六三爻:频繁地复归,危险,但没有灾难。

　　《象》曰:频复之厉,义无咎也。

[译]

　　《小象传》说:频繁复归的危险,本来就不该有灾难。

　　六四:中行独复。

[译]

　　六四爻:行至半路独自返回。

[注]

　　中行,行至中途。

　　《象》曰:"中行独复",以从道也。

[译]

　　《小象传》说:"行至半路独自返回",为的是追随正道。

　　六五:敦复,无悔。

[译]

　　六五爻:复归敦厚,无怨无悔。

　　《象》曰:"敦复无悔",中以自考也。

[译]

　　《小象传》说:"复归敦厚,无怨无悔",这是内心自我考察的结果。

上六:迷复,凶。有灾眚。用行师,终有大败。以其国君凶,至于十年不克征。

[译]

上六:迷失了复归,凶险。有灾难。如果是行军作战,终究要遭到大败。都是由于国君导致的凶祸,以致于十年之中不能出征。

《象》曰:迷复之凶,反君道也。

[译]

《小象传》说:迷失复归而带来的凶祸,是因为背离了为君之道。

二五　无妄

[**解题**]妄,荒诞、越轨。无妄,就是不荒诞、不越轨。本卦讲述了老实本分的后果,以及在老实本分情况下如果有了灾难,应该如何对待等等。

☲(震下乾上)无妄

元,亨,利贞。其匪正,有眚。不利有攸往。

[译]

不荒诞。开始,先行沟通,利于占问。假如言行不合正道,就有灾殃。不宜于有所行动。

《象》曰:无妄,刚自外来①,而为主于内。动而健,刚中而应②,大亨以正,天之命也。"其匪正有眚,不利有攸往",无妄之往,何之矣？天命不佑,行矣哉？

[译]

《象传》说:不荒诞,说的是阳刚从外面来,并且在内部做了主宰。震动而又刚健,阳刚居中位并且有所响应,非常亨通并且言行端正,这是天的命令啊。"假如言行不合正道,就有灾殃,不宜于有所行动。"不荒诞者的行动,您又是要到哪里去呢？天命不保佑,您行动吗？

[注]

① 刚自外来,说法不一,一说是初九阳爻来自坤,而成震。该爻为震卦之主。

② 下卦震为动,上卦乾为健。刚中指九五,六二阴爻与之相应。

《象》曰:天下雷行,物与无妄。先王以茂对时,育万物。

[译]

《大象传》说:天下有雷在运行,万物都因此而真实无妄。先王据此精力充沛地依据时令培育万物。

[注]

上卦乾为天,下卦震为雷,所以是"天下雷行"。茂,茂盛,精力充沛。

初九:无妄往,吉。

[译]

初九爻:不荒诞的行动,吉利。

《象》曰:无妄之往,得志也。

[译]

《小象传》说：不荒诞的吉利，是实现了志向啊！

六二：不耕获，不菑畲，则利有攸往。

[译]

六二爻：不耕种而收获，不垦荒而有良田，就利于有所行动。

[注]

菑，垦荒。畲，耕种熟田。一说"不耕获，不菑畲"为不耕亦不获或不望获，不垦荒也不耕熟田或不指望有熟田。

《象》曰："不耕获"，未富也。

[译]

《小象传》说："不耕种而收获"，是还没有富足啊。

六三：无妄之灾：或系之牛，行人之得，邑人之灾。

[译]

六三爻：老实本分所遭受的灾难是：有人牵走了他的牛，那个走的人有了收获，村里人却遭灾了。

《象》曰：行人得牛，邑人灾也。

[译]

《小象传》说：走的人得到了牛，村里人遭灾了。

九四：可贞，无咎。

[译]

九四爻：可以占问，无过无灾。

《象》曰:"可贞无咎",固有之也。

[译]

《小象传》说:"可以占问,无过无灾",本来就有这样的事。

九五:无妄之疾,勿药有喜。

[译]

九五爻:老实本分者的疾病,不要医治,会有喜庆。

《象》曰:无妄之药,不可试也。

[译]

《小象传》说:对老实本分者的治疗,不可用来试验。

上九:无妄,行有眚,无攸利。

[译]

上九爻:老实本分,行动将有灾难,不要行动为好。

《象》曰:无妄之行,穷之灾也。

[译]

《小象传》说:老实本分的行为,其灾难是因为无路可走。

二六 大畜

[解题]大畜,丰厚的积累。本卦不讲如何积累财富,而是讲如何不断培养品德。

䷙(乾下艮上)大畜

利贞。不家食,吉。利涉大川。

[译]

　　丰厚积累,利于守正。不依靠采邑生活,吉利。有利于涉渡大河。

[注]

　　家,大夫采邑。食,养育。不家食,大夫不依靠采邑,就要依赖王者或诸侯的俸禄。指大夫被王者或诸侯任用,所以为吉。

　　《彖》曰:大畜,刚健笃实辉光,日新其德①。刚上而尚贤,能止健,大正也②。"不家食吉",养贤也。"利涉大川",应乎天也。

[译]

　　《彖传》说:丰厚积累,刚健厚实而荣光,德行日日更新。阳刚居上而尊重贤才,并能使强健者停止,这是最正确的。"不靠采邑生活,吉利",因为君主能畜养贤才。"有利于涉渡大河",是能够顺应上天。

[注]

　　① 刚健,指下卦乾;笃实,指上卦艮,艮为山,其体厚实。喻人之德刚健厚实而荣光。
　　② 刚上,指阳爻居于上位,喻君主。止,指上卦艮;健,指下卦乾。止健,使强健者停止于自己应有的地位(不越过君主)。

　　《象》曰:天在山中,大畜。君子以多识前言往行,以畜其德。

[译]

　　《大象传》说:天在山中,其象征是大畜卦;君子据此多记前贤的言行,以积累自己的德行。

[注]

　　下卦乾为天,上卦艮为山,所以说"天在山中"。

　　初九:有厉,利已。

[译]

　　初九爻:有危险,以停止为宜。

　　《象》曰:"有厉,利已",不犯灾也。

[译]

　　《小象传》说:"有危险,以停止为宜",是说不去触犯灾祸。

　　九二:舆说輹。

[译]

　　九二爻:车身与车轴脱离。

[注]

　　说,读为脱。輹,车下夹轴的直木。

　　《象》曰:"舆说輹",中无尤也。

[译]

　　《小象传》说:"车身与车轴脱离",居中则无过错。

[注]

　　中,指九二处于下卦的中位,引申为行中正之道。尤,过失。

　　九三:良马逐,利艰贞。曰闲舆卫,利有攸往。

[译]

　　九三爻:良马追逐,宜于艰难之坚守正道。每天练习车马、护卫之事,利于出行。

[注]

曰,《释文》引郑本作"日"。闲,习。

《象》曰:"利有攸往",上合志也。

[译]

《小象传》说:"利于出行",是由于合乎上级意图。

[注]

上,同尚,重视。

六四:童牛之牿,元吉。

[译]

六四爻,小牛角上加牿木,吉利的开始。

[注]

童牛,牛犊。牿,牛角上所加之横木。小牛初生角,喜欢触物,容易折伤,故加牿进行保护。

《象》曰:六四"元吉",有喜也。

[译]

《小象传》说:六四爻"吉利的开始",是有喜庆之事。

六五:豮豕之牙,吉。

[译]

六五爻:打掉野猪的牙,吉利。

[注]

豮,阉割。

《象》曰:六五之"吉",有庆也。

[译]

《小象传》说:六五爻的"吉利",是有可庆祝之事。

　　上九:何天之衢,亨。

[译]

上九爻:天上的道路多么四通八达、通顺异常啊。

[注]

何,语气词,多么。衢,道;道路四通八达称衢。

《象》曰:"何天之衢",道大行也。

[译]

《小象传》说:"天上的道路多么四通八达",说的是正道得以顺利推行。

二七　颐

[解题]颐,面颊,引申为养护。这一卦主要是讲养护的道理,包括供养别人与养护自己。

☲(震下艮上)颐

贞,吉。观颐,自求口实。

[译]

养护之事,占问,吉祥。观察养护之事,于是就自己谋求食物。

《象》曰:"颐贞吉",养正则吉也。"观颐",观其所养也。"自求口实",观其自养也。天地养万物,圣人养贤以及万民。颐之时大矣哉!

[译]

　　《彖传》说:"养护之事守正吉祥",是说养护符合正道就吉祥。"观察养护之事",就是观察所奉养的情况。"自己谋求食物",就是观察自我养护的情况。天地养育万物,圣人则养育贤才并且扩大到民众。处于养护的时节,是多么的好啊!

[注]

　　贞,此处《彖传》解释为"正",不作"占问"。

《象》曰:山下有雷,颐。君子以慎言语,节饮食。

[译]

　　《大象传》说:山下有雷,其象征是颐卦。君子据此谨慎言语,节制饮食。

[注]

　　上卦艮为山,下卦震为雷,所以是"山下有雷"。

初九:舍尔灵龟,观我朵颐,凶。

[译]

　　初九爻:舍弃你的灵龟,看我腮帮鼓起,凶。

[注]

　　舍,丢弃。古人用龟甲占卜,认为龟能预知吉凶,故称灵龟。颐,腮。朵颐,鼓起腮帮吃东西。

《象》曰:"观我朵颐",亦不足贵也。

[译]

　　《小象传》说："看我腮帮鼓起"，是不值得称道的行为。

　　六二：颠颐，拂经于丘，颐征凶。

[译]

　　六二爻：养护颠倒，在处所上违背常规，养护如此进行则凶。

[注]

　　拂，违背。经，常规。丘，指经常行事的场所（据孔颖达《周易正义》）。征，往（据朱熹《周易本义》），意为如此进行。

　　《象》曰：六二"征凶"，行失类也。

[译]

　　《小象传》说：六二爻的"如此进行则凶"，是由于行为违反了法则。

　　六三：拂颐，贞，凶。十年勿用，无攸利。

[译]

　　六三爻：除去供养，占问，凶。十年不要行动，因为没有什么好处。

　　《象》曰："十年勿用"，道大悖也。

[译]

　　《小象传》说："十年不要行动"，是说严重违背了养护之道。

[注]

　　悖，违背常理。

六四:颠颐,吉。虎视眈眈,其欲逐逐,无咎。

[译]

六四爻:颠倒养护,吉祥。虎视眈眈,欲望强烈,不受责备。

《象》曰:"颠颐"之吉,上施光也。

[译]

《小象传》说:"颠倒养护"的吉,是因为上面施予的多。

[注]

光,借为广。

六五:拂经,居贞吉,不可涉大川。

[译]

六五爻:违背常规,坚守正道则吉,不可涉渡大河。

《象》曰:"居贞"之吉,顺以从上也。

[译]

"坚守正道"的吉,是因为柔顺而服从上司。

上九:由颐,厉,吉。利涉大川。

[译]

上九爻:由此而得养护,虽艰难,却吉利。有利于涉渡大河。

[注]

由颐,上九一阳爻处于四阴爻之上,象征大家都由此得到养护。

《象》曰:"由颐厉吉",大有庆也。

[译]

《小象传》说:"由此而得养护,虽艰难,却吉利",定会有特别值得庆祝的事。

二八　大过

[解题]大过,太过越。这一卦主要是讲有关越出常规的道理。

☰(巽下兑上)大过

栋桡,利有攸往,亨。

[译]

太过越,栋梁弯曲,宜采取措施,通顺。

[注]

桡,曲。

《象》曰:大过,大者过也。"栋桡",本末弱也①。刚过而中②,巽而说行③,"利有攸往",乃亨。大过之时大矣哉!

[译]

《彖传》说:大过,是伟大者的过越。"栋梁弯曲",是因为本末都软弱。阳刚过越而守中道,谦逊而和悦地行动,"宜于采取措施",才能"通顺"。大过越的时期,是多么的伟大啊!

[注]

① 本末,指初上二爻皆为阴,故称"弱"。

② 刚,指阳爻,本卦有四个阳爻,超过阴爻,故称"过";中,指九二、九五爻处于上下卦之中位。

③ 巽,指下卦巽,义为谦逊;说,同悦,指上卦兑。《象传》以卦

爻象解释卦名和卦辞。

《象》曰:泽灭木,大过;君子以独立不惧,遁世无闷。

[译]

　　《大象传》说:泽水淹没树木,其象征是大过卦;君子据此特立独行,毫不畏惧,隐居避世而不苦闷。

[注]

　　上卦兑为泽,下卦巽为木,所以是"泽灭木"。

初六:藉用白茅,无咎。

[译]

　　初六爻:用白茅垫祭品,不受责备。

[注]

　　藉,垫。白茅,茅草名,其质地柔软洁白,祭祀时用来垫礼器。

《象》曰:"藉用白茅",柔在下也。

[译]

　　《小象传》说:"用白茅垫祭品",表示柔弱处于下位。

九二:枯杨生稊,老夫得其女妻,无不利。

[译]

　　九二爻:干枯的杨树发新芽,老男人娶了个女娇娃,没有不利。

[注]

　　稊,刚生出的嫩叶。

《象》曰:"老夫女妻",过以相与也。

[译]

　　《小象传》说:"老男人娶女娇娃",是说这种结合过越常规。

[注]

　　与,友善。相与,结合。

　　九三:栋桡,凶。

[译]

　　九三爻:栋梁弯曲,凶险。

《象》曰:"栋桡"之凶,不可以有辅也。

[译]

　　《小象传》说:栋梁弯曲造成的凶险,是无法救助的。

[注]

　　辅,助。

　　九四:栋隆,吉;有它,吝。

[译]

　　九四爻:栋梁坚固,吉祥;有意外事故发生,则艰难。

[注]

　　隆,隆盛,引申为坚固。它,其他因素,指意外变故。

《象》曰:"栋隆"之吉,不桡乎下也。

[译]

　　《小象传》说:"栋梁坚固"的吉祥,由于不因支撑不牢而弯曲。

[注]

下,支撑栋梁的墙柱。

九五:枯杨生华,老妇得其士夫。无咎无誉。

[译]

九五爻:干枯的杨树开了花,老妇人嫁了少年郎。不受责备,也得不到赞赏。

[注]

华,即花。誉,赞誉。

《象》曰:"枯杨生华",何可久也!"老妇士夫",亦可丑也!

[译]

《小象传》说:"干枯的杨树开花",怎么可能长久!"老妇人嫁了少年郎",这事多么丢丑!

上六:过涉灭顶,凶,无咎。

[译]

上六爻:涉渡江河,水没头顶,凶险。不受责备。

[注]

过,渡。

《象》曰:"过涉"之凶,不可咎也。

[译]

"涉渡江河"的凶,是不应该受责备的。

二九　坎

[**解题**]坎,坑洼,陷阱,转义指危险。本卦主要是讲如何对待艰险的道理。

䷜(坎下坎上)习坎

有孚,维心亨,行有尚。

[**译**]

从事危险的事业,有诚信,心灵保持着沟通,行为会得到奖赏。

[**注**]

习,王弼注"便习",如孔子所说"习相远"的习,译为"从事"。习坎,从事危险的事业。孚,诚信。维,同惟。尚,奖赏。

《彖》曰:习坎,重险也。水流而不盈[1],行险而不失其信。"维心亨",乃以刚中也[2]。"行有尚",往有功也[3]。天险,不可升也;地险,山川丘陵也。王公设险以守其国。险之时用大矣哉!

[**译**]

《彖传》说:"从事危险的事业",危险就一个接着一个。水流进去却不能充满,人在艰险中行进却不失去诚信。"心灵保持着沟通",是因为刚健而中正;"行为会得到奖赏",则是此行立了功。天险,不可攀升;地险,就是山川丘陵。王公们设置险要,是用来守卫他们的国家。危险的时期如何行动,是非常有讲究的啊!

[注]

① 坎为坑洼、陷阱,坎卦象征水,故言"水流",言"不盈"。盈,
充满。

② 刚,指九二、九五阳爻,为刚;中指九二居下卦中位,九五居
上卦中位,故称"刚中"。喻人有刚健、中正之德性。

③ 往,前往,意为前去做事,译为"此行"。

《象》曰:水洊至,习坎。君子以常德行,习教事。

[译]

《大象传》说:水一次又一次流来,是从事危险的事业(坎
卦)的象征。君子据此保持德行,演习教化之事。

[注]

洊,再;水洊至,谓前水方来,后水又接续而至。本卦上下卦皆
为坎,所以说是"水洊至"。常,永恒,译为保持。

初六:习坎,入于坎窞,凶。

[译]

初六爻:从事危险的事业,坠入陷阱,凶。

[注]

窞,深坑;坎窞,坑中的深坑,即陷阱。

《象》曰:"习坎"入坎,失道凶也。

[译]

《小象传》说:"从事危险的事业"而坠入陷阱,是因为迷失
道路而导致灾祸。

九二:坎有险,求小得。

[译]

　　九二爻,陷阱中有危险,只求小有收获。

　　《象》曰:"求小得",未出中也。

[译]

　　《小象传》说:"只求小有收获",是因为没有脱离中道。

[注]

　　中,指九二居下卦之中位,喻人守中道。

　　六三:来之坎,坎险且枕。入于坎窞,勿用。

[译]

　　六三爻:来到陷阱之处,陷阱险而且深。坠入陷阱之中,不要轻举妄动。

[注]

　　枕,古文为沉,深。

　　《象》曰:"来之坎坎",终无功也。

[译]

　　《小象传》说:"历经重重艰险",最终也不能成功。

[注]

　　"来之坎坎",是《小象传》对爻词的理解。本书取高亨《周易古经今注》说,与《小象传》不同。

　　六四:樽酒簋,贰用缶,纳约自牖,终无咎。

［译］

六四爻，酒用樽，簋盛饭，现在换成了瓦器罐，从窗户送入取出，最终没有灾患。

［注］

樽，古代盛酒的器具。簋，古代盛食物的器具。缶，瓦器。纳，送入；约，取出。樽酒簋，贰用缶，或作"樽酒，簋贰，用缶"。

《象》曰："樽酒簋贰"，刚柔际也。

［译］

《小象传》说："一樽酒，两碗饭"，表示命运交替更换。

［注］

刚柔，此指不同的地位或待遇，引申为命运。际，接续。

九五：坎不盈，祇既平，无咎。

［译］

九五爻：沟坎尚未满盈，小丘已经铲平，不受责备。

［注］

祇，借为坻，小丘。

《象》曰："坎不盈"，中未大也。

［译］

《小象传》说："沟坎尚未满盈"，象征中正之道还不宏大。

上六：系用徽纆，寘于丛棘，三岁不得，凶。

［译］

上六爻：用绳索捆绑犯人，投入牢狱之中，多年未得解脱,凶。

[注]

　　徽缆,绳索。寘,置,放置。丛棘,古代牢狱外围种上成丛的荆棘,以防犯人逃跑。

　　《象》曰:上六失道,凶三岁也。

[译]

　　《小象传》说:上六爻丧失正道,所以凶祸多年。

三〇　离

　　[解题]离有两层含义:一为光明,一为附着。此卦说明天下之物必有所附着,方能显示其光明。

　　（离下离上）离

　　利贞,亨。畜牝牛,吉。

[译]

　　离,宜于占问,已经沟通。畜养母牛,吉。

　　《彖》曰:离,丽也①。日月丽乎天,百谷草木丽乎土。重明以丽乎正②,乃化成天下。柔丽乎中正③,故亨。是以"畜牝牛吉"也。

[译]

　　《彖传》说:离,是附着的意思。日月附着在天上,百谷草木附着地上。以加倍的光明附着于正道,就可以教化好整个天下。柔顺附着于中正之道,所以亨通。因此说"畜养母牛吉"。

[注]

① 丽,附着。

② 重明,指离卦卦象,离为日,两离相重,所以是加倍光明。此句根据上下卦象解释卦名"离"。

③ 柔,指六二、六五两阴爻。此二爻处于上下卦之中位,所以说是中正。比喻人有柔和之德,而又附着于中正之道。

《象》曰:明两作,离。大人以继明照于四方。

[译]

《大象传》说:光明两次升起,其象征是离卦。大人据此以连续不断的光明照耀四方。

[注]

本卦上下卦都是离,离为明,所以是"明两作"。大人,指在高位的执政者。

初九:履错然,敬之,无咎。

[译]

初九爻:(看见)华丽的鞋子,要恭恭敬敬,则无过错。

[注]

履,鞋。错然,华丽的样子。穿着华丽鞋子的一定是权贵,所以要恭恭敬敬。

《象》曰:"履错"之敬,以辟咎也。

[译]

《小象传》说:"(对)华丽鞋子"的恭敬,是为了避免灾祸。

[注]

辟,同避。

六二:黄离,元吉。

[译]

六二爻:黄衣加身,最吉利。

[注]

黄,土的颜色。五行,土为中央,所以黄色被认为是尊贵的颜色。

《象》曰:"黄离元吉",得中道也。

[译]

《小象传》说:"黄衣加身,最吉利",因为得行中道。

九三:日昃之离,不鼓缶而歌,则大耋之嗟,凶。

[译]

九三爻:看到太阳西斜后的光明,还不敲起瓦盆唱歌,就要有衰老时的悲叹、悔恨,凶。

[注]

日昃之离,喻人衰老前的光明。鼓缶而歌,指此时将事务交给别人,自己找乐,安度晚年。耋,七八十岁的老人。

《象》曰:"日昃之离",何可久也!

[译]

《小象传》说:"太阳西斜后的光明",怎能长久!

九四:突如其来如,焚如,死如,弃如。

[译]

九四爻:突然起火了,房子烧着了,有人死了,有人逃了。

《象》曰："突如其来如"，无所容也。

[译]

　　《小象传》说："突然着火了……"，(有死有逃)因为无处安身了。

　　六五：出涕沱若，戚嗟若，吉。

[译]

　　六五爻：泪流满面，悲伤又哀叹，吉。

[注]

　　沱若，泪流很多的样子。戚，忧伤。

　　《象》曰：六五之吉，离王公也。

[译]

　　《小象传》说：六五爻辞的吉，是由于攀附王公的缘故。

[注]

　　上九为阳爻，为刚，象征王公；六五为阴爻，为柔，象征臣民。

　　上九：王用出征，有嘉。折首，获匪其丑，无咎。

[译]

　　上九爻：天子出征，有喜庆。杀死了敌人，俘获了他们的同伙，没有灾难。

[注]

　　匪，彼。其，语助词。丑，类；获丑，谓俘获敌众。

　　《象》曰："王用出征"，以正邦也。

[译]

　　《小象传》说："天子出征"，是为了安定国家。

周易下经

三一 咸

[**解题**]咸,交感,相互感应。这一卦主要是讲天地、阴阳、男女,尤其是圣人与百姓相互感应的道理。

☷(艮下兑上)咸

　亨,利贞。取女吉。

[译]

　　交感,已经沟通,宜于占问。娶妻吉利。

[注]

　　取,同娶。

《彖》曰:咸,感也[1]。柔上而刚下[2],二气感应以相与,止而说,男下女[3],是以"亨,利贞,取女吉"也。天地感而万物化生,圣人感人心而天下和平。观其所感,而天地万物之情可见矣!

[译]

　　《彖传》说:咸,交感。柔在上而刚在下,山泽二气相互感应而融合,节制而又喜悦,男子位于女子之下,所以说"通,宜于占问,娶妻吉利"。天地交感而万物化生,圣人感动人心则天下和平。观察这些相互感应,天地万物的情况就清楚了。

[注]

①　感,感应。

②　柔上,指上卦兑;刚下,指下卦艮。

③　止、男,指下卦艮;说、女,指上卦兑。说即悦。艮为少男,兑为少女。男下女,指古代婚礼中男子恭谦地迎娶女子的习俗。

《象》曰:山上有泽,咸。君子以虚受人。

[译]

《大象传》说:山上有泽,其象征是咸卦。君子据此以谦虚的胸怀容纳他人。

[注]

上卦兑为泽,下卦艮为山,所以是"山上有泽"。

初六:咸其拇。

[译]

初六爻:触动了他的足大趾。

[注]

咸,感,此外指触动。拇,足大趾。

《象》曰:"咸其拇",志在外也。

[译]

《小象传》说:"触动了他的足大趾",表明志向在外。

[注]

外,指上卦。初六与九四相感应,所以说"志在外"。

六二：咸其腓,凶。居吉。

[译]

六二爻:触动了他的腿肚子,凶。停止则吉。

[注]

腓,腿肚。居,止。

《象》曰:虽"凶,居吉",顺不害也。

[译]

《小象传》说:虽然"凶,停止则吉",顺从就不会有害。

九三：咸其股,执其随,往吝。

[译]

九三爻:触动他的大腿,握住他的足,做事则艰难。

[注]

随,足。前足行,后足来合谓之随,故称足为随。

《象》曰:"咸其股",亦不处也。志在随人,所执下也。

[译]

《小象传》说:"触动他的大腿",也不是要停在此处。心愿在于随顺他人,所握的东西就比较低下。

九四：贞,吉,悔亡。憧憧往来,朋从尔思。

[译]

九四爻:占问,吉祥,困难已经消亡。来来往往不间断,同伴随了你的愿。

[注]

憧憧,往来不断的样子。

《象》曰:"贞吉,悔亡",未感害也。"憧憧往来",未光大也。

[译]

《小象传》说:"占问,吉祥,困难已经消亡",是说没有受到伤害。"往来不断",是说还不广大。

九五:咸其脢,无悔。

[译]

九五爻:触动他的脊背,并不后悔。

[注]

脢,背肉。

《象》曰:"咸其脢",志末也。

[译]

《小象传》说:"触动他的脊背",说明志向不大。

上六:咸其辅颊舌。

[译]

上六爻:触动他的面颊与口舌。

[注]

辅,同甫。甫颊同义,皆指腮,面颊。

《象》曰:"咸其辅颊舌",滕口说也。

[译]

《小象传》说:"触动他的面颊与口舌",表示口若悬河,夸夸其谈。

[注]

滕,水奔涌翻腾。滕口说,谓翻腾口舌而谈说,即"口若悬河,夸夸其谈"。

三二　恒

[解题]恒,长久。此卦主要是讲持之以恒的道理。

䷟(巽下震上)恒

亨,无咎,利贞。利有攸往。

[译]

恒,已经沟通,没有差错,宜于占问。可以采取行动。

《彖》曰:恒,久也。刚上而柔下,雷风相与,巽而动①;刚柔皆应②,恒。"恒:亨,无咎,利贞",久于其道也。天地之道,恒久而不已也。"利有攸往",终则有始也。日月得天而能久照,四时变化而能久成。圣人久于其道,而天下化成。观其所恒,而天地万物之情可见矣。

[译]

《彖传》说:恒,永久的意思。刚在上,柔在下,风雷相交往,谦逊而又有所作为;三刚三柔都相互对应,所以永久。"恒:已经沟通,没有差错,宜于占问",是由于长久地从事此道。天地之道,是永恒、长久而不停息的。"可以采取行动",表示一事完成另一事又重新开始。日月在天所以能长久地照耀万物,四季变化所以能长久地成就万物。圣人长久地从事他的道,从而把普天下都教化成功。观察这些长久的东西,天地万物的情况也就清楚了。

[注]

① 刚、雷、动,指上卦震;柔、风、巽,指下卦巽。震在上,巽在下,所以说"刚上而柔下"。动,谓有所行动,引申为有所作为。

② 刚,指阳爻九二、九三、九四;柔,指阴爻初六、六五、上六。初六与九四、九二与六五、九三与上六都是阳爻与阴爻对应,所以说"刚柔皆应"。

《象》曰:雷风,恒。君子以立不易方。

[译]

《大象传》说:上打雷,下刮风,其象征是恒卦。君子据此处世,不改所坚持的原则。

[注]

上卦震为雷,下卦巽为风,所以是"雷风"。方,方式、道路,引申为规范、原则。

初六:浚恒,贞,凶。无攸利。

[译]

初六爻:深挖不止,占问,凶。不会有什么好处。

[注]

浚,疏通,深挖。

《象》曰:"浚恒"之凶,始求深也。

[译]

　　《小象传》说："深挖不止"的凶,是因为刚刚开始就追求深。

　　　九二:悔亡。

[译]

　　九二爻:悔恨已经过去。

　　《象》曰:九二"悔亡",能久中也。

[译]

　　《小象传》说:九二爻说"悔恨已经过去",是能长久地坚守中道。

　　　九三:不恒其德,或承之羞。贞,吝。

[译]

　　九三爻:不能长久地保持自己的品德,就可能受到别人的羞辱。占问,艰难。

　　《象》曰:"不恒其德",无所容也。

[译]

　　《小象传》说:"不能长久地保持自己的品德",就没有容身的地方。

　　　九四:田无禽。

[译]

　　九四爻:打猎没有得到鸟兽。

［注］

田,打猎。打猎要在田野,故称田。

《象》曰:久非其位,安得禽也。

［译］

《小象传》说:长久地不在自己的位置上,怎么能得到鸟兽呢。

［注］

位,指卦位;九四阳爻处于阴位,所以是"非其位"。象征人不在自己的位置上。得禽,象征有所成就。

六五:恒其德。贞,妇人吉,夫子凶。

［译］

六五爻:长久地保持自己的品德。占问,妇人吉祥,男子凶险。

《象》曰:妇人贞吉,从一而终也。夫子制义,从妇凶也。

［译］

《小象传》说:妇人占问吉祥,是因为她终生只嫁一个男子。男子要进行决策,顺从女人的意思会招致失败。

［注］

从一而终,终生只嫁一个男子,即使该男子不幸去世,也不再嫁。制,裁定。义,主意。

上六:振恒,凶。

[译]

上六爻:动摇恒心,凶险。

《象》曰:"振恒"在上,大无功也。
[译]

《小象传》说:"动摇恒心"而又处于上位,尤其不会成功。

三三　遁

[**解题**]遁,隐退,遁逃。此卦主要讲论退隐和遁逃的道理。

☰(艮下乾上)遁

亨,小利贞。
[译]

逃遁,已经沟通。小事宜于占问。

《彖》曰:"遁,亨",遁而亨也。刚当位而应①,与时行也。"小利贞",浸而长也②。遁之时义大矣哉!
[译]

《彖传》说:"遁,亨",是说逃遁因而亨通。刚健者当位并且加以响应,又能适时采取行动。"位贱者利于守正",表示柔渐渐地生长。退隐时期其意义是非常深远的啊!
[注]

① 刚,指九五爻,九五为阳爻,又居于阳位,所以说"刚当位"。此爻与下卦六二爻相应,所以说"刚当位而应"。此句以爻象爻位释卦辞"亨"。

② 浸,渐。一说"浸"字上当有"柔"字,谓柔渐渐生长;柔指阴
爻,阴为小,以释卦辞"小"字;初六、六二两阴爻渐长,所以
说"柔渐长"。

《象》曰:天下有山,遁。君子以远小人,不恶而严。

[译]

　　《大象传》说:天下有山,其象征是遁卦。君子据此远离小
人,不抨击而威严。

[注]

　　上卦乾为天,下卦艮为山,所以是"天下有山"。远,远离,指从
朝廷隐退。恶,憎恶,怨恨,引申为抨击。

初六:遁尾,厉,勿用有攸往。

[译]

　　初六爻:藏起尾巴,表示有危险,不宜采取行动。

《象》曰:"遁尾"之厉,不往,何灾也?

[译]

　　《小象传》说:"藏起尾巴"显示的危险,不前往,又有什么灾
祸呢?

六二:执之用黄牛之革,莫之胜说。

[译]

　　六二爻:捆绑用黄牛的皮革,没法能够逃脱。

[注]

　　胜,能。说,同脱,逃脱。莫之胜说,不能挣断皮绳而逃脱。

《象》曰："执用黄牛",固志也。

[译]

　　《小象传》说:"捆绑用黄牛的皮革",象征要坚定信念。

　　九三:系遁,有疾厉。畜臣妾,吉。

[译]

　　九三爻:拴捆逃遁之人,有大危险。畜养男女奴仆,吉利。

[注]

　　系,拴捆。遁,不愿合作而离开者。臣妾,男仆为臣,女仆为妾。

　　《象》曰:"系遁"之厉,有疾惫也。"畜臣妾,吉",不可大事也。

[译]

　　《小象传》说:"拴捆逃遁之人"的危险,在于要受到严重削弱。"畜养男女奴仆吉利",但不可担当大事。

[注]

　　惫,羸,削弱。

　　九四:好遁,君子吉。小人否。

[译]

　　九四爻:喜好退隐,君子吉祥。小人则不能。

[注]

　　否,不能,做不到。

　　《象》曰:君子好遁,小人否也。

[译]

《小象传》说：君子喜好退隐，小人则不能。

九五：嘉遁，贞，吉。

[译]

九五爻：以退隐为快乐，占问，吉祥。

[注]

嘉，美，乐。

《象》曰："嘉遁，贞吉"，以正志也。

[译]

《小象传》说："以退隐为快乐，守正则吉祥"，是用来端正信念的。

上九：肥遁，无不利。

[译]

上九爻：位高而退隐，无处不顺利。

[注]

肥，同飞，古本作"飞"，指处于高位。肥遁，功成身退。

《象》曰："肥遁，无不利"，无所疑也。

[译]

《小象传》说："位高而退隐，无处不顺利"，是说没有什么可疑虑的。

三四　大壮

[解题]大壮，威力强大。此卦主要是讲如何对待和运用强力

的道理。

☳（乾下震上）大壮

　　利贞。

[译]

　　威力强大，宜于占问。

　　《彖》曰：大壮，大者壮也。刚以动，故壮。"大壮利贞"，大者正也。正大，而天地之情可见矣。

[译]

　　《彖传》说：大壮，是说伟大者强而有力。刚健又善于行动，所以强而有力。"威力强大，宜于占问"，表示强大又坚持正道。守正又强大，天地的情况就清楚了。

[注]

　　大，指阳爻；刚，指下卦乾；动，指上卦震。

　　《象》曰：雷在天上，大壮。君子以非礼弗履。

[译]

　　《大象传》说：雷在天上，是大壮卦的象征。君子据此不做非礼之事。

[注]

　　上卦震为雷，下卦乾为天，所以是"雷在天上"。履，践履，谓实际做事。

　　初九：壮于趾，征凶，有孚。

[译]

　　初九爻:冒险前进,用于征伐则凶,这是不可避免的。

[注]

　　孚,信;有孚,谓必然的结果。

《象》曰:"壮于趾",其孚穷也。

[译]

　　《小象传》说:"冒险前进",其必然结果是陷于困境。

　　九二:贞,吉。

[译]

　　九二爻:占问,吉祥。

《象》曰:九二"贞吉",以中也。

[译]

　　《小象传》说:九二爻"占问吉祥",是因为能按中道行事。

[注]

　　中,指九二爻处于下卦之中位,象征人按中道行事。

　　九三:小人用壮,君子用罔。贞,厉。羝羊触藩,羸其角。

[译]

　　九三爻:小人使用强力,君子则不然。占问,危险。公羊抵触篱笆,伤了它的角。

[注]

　　罔,无。羝羊,公羊。藩,篱笆。羸,弱,引申为伤。

《象》曰:小人用壮,君子罔也。

[译]

　　《小象传》说:小人使用强力,君子不这样的。

[注]

　　古本"罔"上有"用"字。

　　九四:贞,吉,悔亡。藩决不羸,壮于大舆之輹。

[译]

　　九四爻:占问,吉祥,悔恨消亡。篱笆被撞坏,未能伤,其角比大车的辐条还结实。

[注]

　　决,破坏。輹,同辐。

　　《象》曰:"藩决不羸",尚往也。

[译]

　　《小象传》说:"篱笆被撞坏,未能伤其角",是因为它向上使劲。

　　六五:丧羊于易,无悔。

[译]

　　六五爻:在易国丢了羊,没有悔恨。

[注]

　　易,国名。

　　《象》曰:"丧羊于易",位不当也。

[译]

　　《小象传》说:"在易国丢了羊",是由于所处的地位不适当。

[注]

位不当,指六五阴爻处于阳位,喻人所处的地位或环境不适当。

上六:羝羊触藩,不能退,不能遂,无攸利。艰则吉。

[译]

上六爻:公羊触篱笆,不能后退,也不能如意,没有什么好处。把事情看得艰难些就会吉利。

《象》曰:"不能退,不能遂",不详也。"艰则吉",咎不长也。

[译]

《小象传》说:"不能后退,也不能如意",就是不吉祥。"将事情看得艰难些就会吉利",由于过失不会久长。

[注]

详,与祥通,吉祥。

三五　晋

[解题]晋,前进、上进。这一卦主要是讲前进或上进的道理。

䷢(坤下离上)晋

康侯用锡马蕃庶,昼日三接。

[译]

进取,康侯用赏赐的马繁衍,一天多次交配。

[注]

蕃,繁殖。

《彖》曰:晋,进也。明出地上①,顺而丽乎大明②。柔进而上行,是以"康侯用锡马蕃庶,昼日三接"也。

[译]

《彖传》说:晋,就是进。光明从地上升起,柔和的光线挂在太阳之上。柔顺者不断进取上升,所以"康侯用赏赐的马繁衍,一日多次交配"啊。

[注]

① 明,指上卦离;地,指下卦坤;离在坤上,象征光明从地上升起。

② 大明,太阳。

《象》曰:明出地上,晋。君子以自昭明德。

[译]

《大象传》说:光明从地上升起,其象征是晋卦。君子据此自我显示高尚的德行。

[注]

上卦离为明,下卦坤为地,所以是"明出地上"。昭,明,显示。明德,高尚的德行。

初六:晋如,摧如。贞,吉。罔孚,裕,无咎。

[译]

初六爻:上进呀,挫折呀。占问,吉祥。不被人信任,心宽,不受责备。

[注]

摧,折毁。孚,信任。裕,心宽,成败都无所谓,不放在心上。

《象》曰:"晋如摧如",独行正也。"裕无咎",未受命也。

[译]

　　《小象传》说:"上进呀,挫折呀",是由于行为独特而且正确。"心宽,不受责备",因为没有受到任命。

　　六二:晋如,愁如。贞,吉。受兹介福,于其王母。

[译]

　　六二爻:上进呀,忧愁呀。占问,吉祥。蒙受这样大的福佑,来自于他的祖母。

[注]

　　愁,忧愁。介,大。王母,祖母。朱熹认为,这是在祭祀母亲时占到的好结果。

《象》曰:"受兹介福",以中正也。

[译]

　　《小象传》说:"蒙受这样大的福佑",是因为行为中正。

[注]

　　中正,指六二爻处于下卦之中位。阴爻处于阴位,象征人的行为中正。

　　六三:众允,悔亡。

[译]

　　六三爻:众人信从,悔恨消失。

[注]

　　允,信。

《象》曰:"众允"之,志上行也。

[译]

　　《小象传》说:"众人信从"他,因为它的心愿是上进。

　　九四:晋如鼫鼠,贞厉。

[译]

　　九四爻:上进却像鼫鼠那样,占问,危险。

[注]

　　鼫鼠,据说它有五种技能,却没有一样真正管用的。

《象》曰:"鼫鼠贞厉",位不当也。

[译]

　　《小象传》说:"像鼫鼠那样,占问,危险",是因为所处的地位不适当。

[注]

　　位不当,指九四阳爻处于阴位,象征人所处的地位或环境不适当。

　　六五:悔亡,失得勿恤。往吉,无不利。

[译]

　　六五爻:悔恨消失,得失不必多虑。前往吉祥,没有不顺利的。

[注]

　　恤,忧。失,汉本皆作"矢"。

《象》曰:"失得勿恤",往有庆也。

[译]

《小象传》说:"得失不必多虑",因为前去会有喜庆。

上九:晋其角,维用伐邑,厉吉,无咎。贞,吝。

[译]

上九爻:用他的角前进,只是用来攻伐城池,危险,但吉利,不受责备。占问,艰难。

[注]

角,象征兵器和军队。

《象》曰:"维用伐邑",道未光也。

[译]

《小象传》说:"只是用来攻伐城池",因为道尚未光大。

三六　明夷

[解题]明夷,意谓光明泯灭,或晦藏光明。这一卦主要是讲韬晦之道。

䷣(离下坤上)明夷

利艰贞。

[译]

光明泯灭,宜于在艰难中坚守正道。

《彖》曰:明入地中,"明夷"①;内文明而外柔顺,以蒙大难,文王以之②。"利艰贞",晦其明也。内难而能正其志,箕子以之③。

[译]

　　《象传》说:光明没入地下,这就是"明夷"。心内有治国之道而外行柔顺之德,因此而蒙受大难,周文王就是这样的。"宜于在艰难中坚守正道",是因为要隐藏自己的光明。内心痛苦而能端正自己的志向,箕子就是这样的。

[注]

① 明,指下卦离;地,指上卦坤。离在坤下,有光明没入地中的象征。

② 内文明,指下卦离,下为内,故言"内文明";外柔顺,指上卦坤,上为外,故称"外柔顺"。文,指治国的礼仪制度,与孔子"文不在斯"的文同义。明,通晓。"文王以之"之"以",郑玄、荀爽本作"似"。

③ 箕子,商朝暴君纣王的叔叔,因进谏不被采纳而佯狂装疯。

　　《象》曰:明入地中,明夷;君子以莅众,用晦而明。

[译]

　　《大象传》说:光明没入地下,其象征是明夷卦;君子据此治理民众,用韬晦之道而达到光明。

[注]

　　上卦坤为地,下卦离是明,所以是"明入地中"。莅,临,即治理。

　　初九:明夷于飞,垂其翼。君子于行,三日不食。有攸往,主人有言。

[译]

　　初九爻:黑暗中的鸟儿要飞,折伤了它的左翼。出行的君子,三天不吃东西。他要走的时候,主人还冷言冷语。

[注]

　　明夷,李镜池认为是鸣叫的鹈鹕,明,借为鸣。夷,借为鷈,即
鹈鹕,一种水鸟。高亨认为是野鸡。此处依"明入地中"义,译为
"黑暗"。帛书本"翼"上有"左"字。

　　《象》曰:"君子于行",义不食也。

[译]

　　《小象传》说:"出行的君子",道义使他吃不进东西。

　　六二:明夷,夷于左股,用拯马壮,吉。

[译]

　　六二爻:黑暗中,伤了左腿,用以拯救的马强壮,吉祥。

[注]

　　夷于左股,伤了左腿。夷,伤。

　　《象》曰:六二之吉,顺以则也。

[译]

　　《小象传》说:六二爻辞的吉,是因为能顺从规则。

　　九三:明夷于南狩,得其大首。不可疾贞。

[译]

　　九三爻:政治黑暗之时南征,俘获了敌方的元首。不可急于
占问。

[注]

　　南狩,到南方打猎、征讨敌人。大首,元首。

《象》曰：“南狩”之志，乃大得也。

[译]

《小象传》说：南征的愿望，是充分实现了。

六四：入于左腹，获明夷之心于出门庭。

[译]

六四爻：深入内心，出门时明白了那韬晦的志愿。

[注]

入于左腹，心在左胸，故译为"深入内心"。

《象》曰：“入于左腹”，获心意也。

[译]

《小象传》说：“深入内心”，是为了弄清他的心意。

六五：箕子之明夷，利贞。

[译]

六五爻：箕子的韬晦，宜于守正。

《象》曰：箕子之贞，明不可息也。

[译]

《小象传》说：像箕子那样的守正，是他心中存着不可熄灭的光明。

上六：不明，晦，初登于天，后入于地。

[译]

上六爻：熄灭了光明，糊涂，开始可能升到天上，后来就会跌入地中。

《象》曰:"初登于天",照四国也;"后入于地",失则也。
[译]

《小象传》说:"开始升到天上",光明照耀着四面八方;"后来跌入地中",由于失去了原则。

三七　家人

[解题]家人,家庭成员。此卦主要是讲家庭成员的事情。

☲(离下巽上)家人

利女贞。
[译]

家中事,女子守正就能办好。

《彖》曰:家人,女正位乎内,男正位乎外;男女正,天地之大义也。家人有严君焉,父母之谓也。父父,子子,兄兄,弟弟,夫夫,妇妇,而家道正。正家而天下定矣。
[译]

《彖传》说:家庭成员之中,女子应该管理内部事务,男子应该处理外部事务;确定男女的职责,是天地间的根本要义。家中有尊严的主人,这就是父母。父亲要像个父亲,儿子要像个儿子,兄长要像个兄长,弟弟要像个弟弟,丈夫要像个丈夫,妻子要像个妻子,为家之道也就端正了。家道端正了,天下也就安定了。

《象》曰:风自火出,家人。君子以言有物而行有恒。

[译]

　　《大象传》说:风从火中生出,其象征是家人卦。君子据此而言论有根据,行为有准则。

[注]

　　上卦巽为风,下卦离为火,所以是"风从火出"。物,事实,内容,引申为根据。恒,常,准则。

　　初九:闲有家,悔亡。

[译]

　　初九爻:有家防患杜邪,就不会有悔恨。

[注]

　　闲,防。

《象》曰:"闲有家",志未变也。

[译]

　　《小象传》说:"有家防患杜邪",表示志向没有改变。

　　六二:无攸遂,在中馈。贞,吉。

[译]

　　六二爻:没有什么要实现的心愿,在家里操持家务。守正,吉祥。

[注]

　　遂,遂心愿。馈,进食;中馈,引申为家务。

《象》曰:六二之吉,顺以巽也。

[译]

《小象传》说：六二爻所以吉祥，是由于柔顺而谦逊。

九三：家人嗃嗃，悔厉，吉；妇子嘻嘻，终吝。

[译]

九三爻：家庭成员严厉辛苦，悔其严厉，吉；老婆孩子嘻嘻哈哈，终究要受艰难。

《象》曰："家人嗃嗃"，未失也；"妇子嘻嘻"，失家节也。

[译]

《小象传》说："家庭成员严厉辛苦"，说明没有丢掉规则；"老婆孩子嘻嘻哈哈"，说明治家没有规矩。

六四：富家，大吉。

[译]

六四爻：发家致富，大吉。

《象》曰："富家大吉"，顺在位也。

[译]

《小象传》说："发家致富大吉"，是因为顺从在位的。

九五：王假有家，勿恤，吉。

[译]

九五爻：天子懂得治家之道，不用操心，吉祥。

[注]

假，至，指至于懂得治家之道。有，于。恤，忧，操心。

《象》曰:"王假有家",交相爱也。

[译]

《小象传》说:"天子懂得治家之道",大家都能互相亲爱。

上九:有孚,威如,终吉。

[译]

上九爻:有诚信,有威严,终究吉祥。

[注]

孚,信。威如,威严的样子。

《象》曰:"威如"之吉,反身之谓也。

[译]

《小象传》说:"有威严"则吉祥,讲的就是以身作则。

[注]

反身,谓反身自治,即以身作则。

三八 睽

[解题]睽,乖异、背离、对立。这一卦主要是讲宇宙万物,尤其是人与人之间同中有异,异中有同,相互对立又相互配合的道理。

☲(兑下离上)睽

小事吉。

[译]

对立,小事吉祥。

《彖》曰:睽,火动而上,泽动而下,二女同居,其志不同行①。说而丽乎明,柔进而上行,得中而应乎刚,是以"小事吉"②。天地睽而其事同也,男女睽而其志通也,万物睽而其事类也。睽之时用大矣哉!

[译]

《彖传》说:乖离,火焰向上窜,泽水往下流,二女虽然同居,她们的意志却不能协调一致。和悦而依附着光明,柔顺者向上进取,符合中道而又与刚健者相互应和,所以"小事吉祥"。天地对立而它们化育万物的事业是相同的,男女对立而他们成就家业的志向是相通的,万物乖异而它们生长发育的情况是相似的。对立情况下如何行动,是非常重要的啊!

[注]

① 火,指上卦离;泽,指下卦兑,所以说"火动而上,泽动而下"。二女,离兑乃二阴卦,故言"二女";"二女同居",指二女同嫁一夫。离火上窜,泽水下流,所以说"其志不同行"。

② 说,指下卦兑;明,指上卦离。柔,指阴爻六三和六五;从六三进到六五,故言"柔进而上行"。得中,指六五居于上卦中位。刚,指九二爻;六五与九二相应,所以说"应乎刚"。

《象》曰:上火下泽,睽。君子以同而异。

[译]

《大象传》说:火在上水在下,其象征是睽卦。君子据此使同中有异。

[注]

上卦离为火,下卦兑为泽,所以是"上火下泽"。

初九:悔亡。丧马勿逐,自复。见恶人,无咎。

[译]

　　初九爻:悔恨消失。丧失的马匹不用追寻,它自己会回来。晋见恶人,没有灾患。

《象》曰:"见恶人",以辟咎也。

[译]

　　《小象传》说:"晋见恶人",是为了避免灾患。

九二:遇主于巷,无咎。

[译]

　　九二爻:在小巷中遇见主人,不受责备。

《象》曰:"遇主于巷",未失道也。

[译]

　　《小象传》说:"在小巷中遇到主人……"是说没有迷失正道。

六三:见舆曳,其牛掣,其人天且劓。无初有终。

[译]

　　六三爻:看见大车被人向后拉,驾车牛却要向前走,驾车人额头、鼻子都受了伤。开始艰难,最终顺利。

[注]

　　舆曳,向后拽车。掣,牵引,指牛不听话,不愿后退。天,黥额;劓,割鼻。指驾车人面部受伤。

《象》曰:"见舆曳",位不当也。"无初有终",遇刚也。

[译]

　　《小象传》说:"看见大车被人向后拉",表示所处的地位不恰当。"开始艰难,最终顺利",是因为遇到了刚强的人。

[注]

　　六三阴爻居于阳位,所以说"位不当"。刚,指九四爻;六三上进遇九四,所以说"遇刚",象征遇见刚强之人,得到帮助。

　　九四:睽孤,遇元夫,交孚,厉无咎。

[译]

　　九四爻:遭排挤而孤立,遇到了头人,相互信任,危险但没有灾患。

[注]

　　睽,彼此不信任,遭到排挤。元,首;元夫,首领,头人。

《象》曰:"交孚无咎",志行也。

[译]

　　《小象传》说:"相互信任,没有灾患",因为志向得以实现。

　　六五:悔亡。厥宗噬肤,往何咎?

[译]

　　六五爻:悔恨消失。他的族人在吃肉,前去又有什么不好?

[注]

　　宗,宗族。厥宗,指他的族人。噬,咬东西;肤,肉;噬肤,即吃肉。

《象》曰："厥宗噬肤"，往有庆也。

[译]

《小象传》说："他的族人在吃肉"，前往会有喜庆。

上九：睽孤，见豕负涂，载鬼一车。先张之弧，后说之弧。匪寇，婚媾。往遇雨则吉。

[译]

上九爻：遭排挤而孤立，看见猪浑身是泥，满车鬼头鬼脸的人。他拉开了弓，又放下了弓。原来不是强盗，而是娶亲的队伍。前往，遇到下雨则吉祥。

[注]

涂，泥水。弧，弓。说，同脱，指放下弓。

《象》曰："遇雨"之吉，群疑亡也。

[译]

《小象传》说："遇到下雨"的吉，因为所有的疑惑都没有了。

三九 蹇

[解题]蹇，艰难险阻。此卦主要是讲如何对待艰难险阻的道理。

(艮下坎上)蹇

利西南，不利东北。利见大人。贞，吉。

[译]

艰难，利于往西南，不利于往东北。利于大人物出现。占问,吉祥。

　　《彖》曰:蹇,难也,险在前也;见险而能止,知矣哉!"蹇利西南",往得中也;"不利东北",其道穷也。"利见大人",往有功也。当位"贞吉",以正邦也。蹇之时用大矣哉!

[译]

　　《彖传》说:蹇,就是艰难,就是前面有危险。看到危险能够停止,是明智的啊!"艰难利于往西南",因为前往得以位居正中;"不利于往东北",因为那边道路不通。"利于大人物出现",是说前往必能成功。地位适当,"守正吉祥",以此来治国安邦。艰难的时候如何行动,是非常重要的啊!

　　《象》曰:山上有水,蹇。君子以反身修德。

[译]

　　《大象传》说:山上有水,其象征是蹇卦。君子据此反省自身,修养美德。

[注]

　　上卦坎为水,下卦艮为山,所以是"山上有水"。

　　初六:往蹇,来誉。

[译]

　　初六爻:前往有艰难,回来受称赞。

　　《象》曰:"往蹇来誉",宜待也。

[译]

　　《小象传》说:"前往有艰难,回来受称赞",应该等待时机。

六二：王臣蹇蹇,匪躬之故。

[译]

六二爻：臣子难之又难,但不是自己造成的。

《象》曰:"王臣蹇蹇",终无尤也。

[译]

《小象传》说:"臣子难之又难",始终没有怨恨。

九三：往蹇,来反。

[译]

九三爻：前往艰难,就返回来。

[注]

反,同返。

《象》曰:"往蹇来反",内喜之也。

[译]

《小象传》说:"前往艰难,就返回来",家里人是喜悦的啊。

六四：往蹇,来连。

[译]

六四爻：前往有艰难,回来遇姻缘。

[注]

连,姻亲。

《象》曰:"往蹇来连",当位实也。

[译]

　　《小象传》说:"前往有艰难,回来遇姻缘",象征位置确实恰当。

　　九五:大蹇,朋来。

[译]

　　九五爻:遇到大困难,朋友来帮助。

　　《象》曰:"大蹇朋来",以中节也。

[译]

　　《小象传》说:"遇到大困难,朋友来帮助",因为能用中道加以节制。

　　上六:往蹇,来硕。吉,利见大人。

[译]

　　上六爻:前往有艰难,回来大收获。吉祥,利于大人物出现。

[注]

　　硕,大,谓大得。

　　《象》曰:"往蹇来硕",志在内也。"利见大人",以从贵也。

[译]

　　《小象传》说:"前往有艰难,回来大收获",表示关注内部。"利于大人物出现",是说要追随贵人。

四〇　解

　　[解题]解,解除,解脱。这一卦主要是讲解除艰难的道理。

䷧(坎下震上)解

　　利西南。无所往,其来复,吉。有攸往,夙吉。

[译]

　　解脱,利于往西南。没有确定的目标,返回来就吉祥。有确
定的目标,早去则吉祥。

[注]

　　复,返。夙,早。

　　《彖》曰:解,险以动,动而免乎险,解①。“解,利西
南”,往得众也。“其来复吉”,乃得中也②。“有攸往,夙
吉”,往有功也。天地解而雷雨作,雷雨作而百果草木皆甲
坼③。解之时大矣哉!

[译]

　　《彖传》说:解脱,是在危险中行动,行动使人免除危险,就
是“解”。“解脱利于往西南”,是由于前往则拥有民众。“返回
来就吉祥”,是得居中位。“有确定的目标,早去则吉祥”,因为
前往就会成功。天地解冻而后雷雨兴起,雷雨兴起而后百果草
木都破土而出,抽芽生叶。解脱的时期,是非常重要的啊!

[注]

　　① 险,指下卦坎;动,指上卦震。
　　② 中,指九二爻。
　　③ 解,解冻。天地解,谓春天到来,冰雪消融。雷,指上卦震;
　　　　雨,指下卦坎。作,兴起。甲,百果草木的皮壳;坼,裂开;
　　　　甲坼,指草木破土而出。

　　《象》曰:雷雨作,解。君子以赦过宥罪。

[译]

　　《大象传》说：雷雨兴起，其象征是解卦。君子据此赦免或宽恕有罪过的人。

[注]

　　上卦震为雷，下卦坎为雨，所以是"雷雨兴起"。

　　初六：无咎。

[译]

　　初六爻：不受责备。

　　《象》曰：刚柔之际，义无咎也。

[译]

　　《小象传》说：处于刚柔交接之际，本来就不应受到责备。

[注]

　　刚，指九二阳爻；柔，指初六阴爻。际，交接处。一说，刚指九四爻，柔指初六爻。

　　九二：田获三狐，得黄矢，贞，吉。

[译]

　　九二爻：猎获了许多狐狸，得到了黄色的箭。占问，吉祥。

[注]

　　田，打猎。矢，箭头。

　　《象》曰：九二"贞吉"，得中道也。

[译]

　　《小象传》说：九二的"占问吉祥"，是由于符合了中道。

六三:负且乘,致寇至。贞,吝。

[译]

六三爻:车又拉来肩又扛,招引盗贼来抢。占问,悔恨。

《象》曰:"负且乘",亦可丑也。自我致戎,又谁咎也。

[译]

《小象传》说:"车又拉来肩又扛",是件丢人的事。自己招来的贼寇,又怪罪谁呢。

[注]

戎,兵器,引申为贼寇。

九四:解而拇,朋至斯孚。

[译]

九四爻:放开你的手脚外出交往,朋友到来,以诚相待。

[注]

拇,手脚大指。"解而拇",后来被释为远离小人。孚,诚信。

《象》曰:"解而拇",未当位也。

[译]

《小象传》说:"放开你的手脚外出交往",说明还没有适当的地位。

[注]

未当位,指九四阳爻处于阴位。此句后被解释为当以致诚之心与人结交。

六五:君子维有解,吉。有孚于小人。

[译]

六五爻:君子得到解脱,吉祥。小人也有所信服。

[注]

维,语气词。

《象》曰:"君子有解",小人退也。

[译]

《小象传》说:"君子得到解脱",因为小人被辞退。

上六:公用射隼于高墉之上,获之,无不利。

[译]

上六爻:公爵射那落在高墙上的隼,射中了,没有什么不利的。

[注]

隼,一种猛禽。

《象》曰:"公用射隼",以解悖也。

[译]

《小象传》说:"公爵射隼",是为了消除动乱。

[注]

悖,乱。

四一　损

[解题]损,减少。可引申为节俭、自我约束等等。这一卦主要讲约束自己、特别是惩忿窒欲的道理。

䷨(兑下艮上)损

有孚,元吉,无咎。可贞,利有攸往。曷之用?二簋可用享。

[译]

减损,有诚信,是吉利的开始,不会受到责备。可以占卜,适宜采取行动。什么行动?两簋就可以举行祭祀。

[注]

簋,古代祭祀礼器;二簋,是非常简单的祭祀。

《彖》曰:损,损下益上,其道上行。①损而有孚,"元吉,无咎,可贞,利有攸往。曷之用?二簋可用享"。二簋应有时,损刚益柔有时②。损益盈虚,与时偕行。

[译]

《彖传》说:损,是损减臣民、增益君上,其作法是向上奉献。损由于有诚信,所以"是吉利的开始,不会受到责备。可以占卜,适宜采取行动。什么行动?两簋就可以举行祭祀"。仅用两簋应该根据时势,损减刚强、增益柔弱要根据时势。或损减、或增益、或盈满、或空虚,要根据时势变通。

[注]

① 损卦上艮下兑,艮为山,兑为泽。山高、泽深,象挖湖堆山,是减损臣民、增益君上象征;又象泽中水气上升,滋润山上草木,也是损下益上的象征。

② 指减损下卦之刚,增益上卦之柔。至于具体如何损刚益柔,古代注家说法不一。

《象》曰:山下有泽,损。君子以惩忿窒欲。

[译]

《大象传》说：山下有泽，其象征是损卦。君子据此平息愤怒，杜绝欲望。

[注]

上卦艮为山，下卦兑为泽，所以说是"山下有泽"。

初九：已事，遄往，无咎。酌损之。

[译]

初九爻：办完事，迅速前往，不会受到责备。要适当约束自己。

《象》曰："已事，遄往"，尚合志也。

[译]

《小象传》说："办完事，迅速前往……"，由于合乎长上的意志。

[注]

尚，上；尚合志，与上合志（孔颖达正义）。

九二：利贞，征凶。弗损，益之。

[译]

九二爻：利于守正，前进将有凶险。不减损自己，而增益别人。

《象》曰：九二利贞，中以为志也。

[译]

《小象传》说：九二的利于守正，是把坚守中正作为志向。

六三:三人行,则损一人;一人行,则得其友。

[译]

六三爻:三人同行,会有一人离开;一人独行,会得到朋友。

《象》曰:"一人行",三则疑也。

[译]

《小象传》说:"一人独行(会得到朋友)";三人同行,就互相猜疑。

六四:损其疾,使遄有喜,无咎。

[译]

六四爻:减损他的重病,使他立即高兴起来,不受责备。

[注]

疾,重病。

《象》曰:"损其疾",亦可喜也。

[译]

《小象传》说:"减损他的重病",是可喜的事。

六五:或益之十朋之龟,弗克违,元吉。

[译]

六五爻:有人馈赠价值十朋的龟,没法推辞,是吉利的开始。

[注]

朋,古代货币单位。有说两贝为朋,有说五贝为朋,有说十贝为朋,也有说两龟为朋。十朋之龟,价值昂贵的龟,当时视为珍宝。

《象》曰:六五元吉,自上祐也。

[译]

　　《小象传》说:六五爻的开始吉利,因为有上天保佑。

　　上九:弗损,益之,无咎。贞,吉。利有攸往,得臣无家。

[译]

　　上九爻:不减损自己,而增益别人,不会受到责备。占问,吉利。适宜采取行动,会得到没有主人的奴仆。

[注]

　　臣,奴仆。家,大夫的采邑。

　　《象》曰:"弗损,益之",大得志也。

[译]

　　《小象传》说:"不减损自己,而增益别人……",这是充分实现了自己的志向。

四二　益

　　[解题]益,减损君上增益臣下为益。这一卦讲述如何增益臣下的道理。

　　䷩(震下巽上)益

　　利有攸往,利涉大川。

[译]

　　增益,宜于采取行动,宜于涉渡大河。

《彖》曰：益，损上益下①，民说无疆；自上下下，其道大光②。"利有攸往"，中正有庆；"利涉大川"，木道乃行③。益动而巽，日进无疆；天施地生，其益无方。凡益之道，与时偕行。

[译]

　　《彖传》说：益，减损君上而增益臣民，百姓无限欢畅；君上尊重臣民，他的道就会光大发扬。"宜于采取行动"，因为处心中正必有喜庆；"宜于涉渡大河"，就像有了船儿可以通行。增益别人又随和谦逊，天天上进没有限量；上天施与而大地生养，这样的益处普及四面八方。凡增益的行为，都要根据时势变通。

[注]

　　① 益卦上巽下震，震为阳卦，象征君主和官长；巽为阴卦，象征臣下和民众。震在下而巽在上，象征君上减损自己，增益臣下和民众，所以说是"损上益下"。下句"自上下下"义同。

　　② 其道，这样的作法。大光，即大广，广泛传扬。

　　③ 木道，行船之道。巽为木，古代船用木，所以说是"木道"。

《象》曰：风雷，益①；君子以见善则迁，有过则改。

[译]

　　《大象传》说：风与雷，其象征是益卦。君子据此见善就学，有过即改。

[注]

　　上卦巽为风，下卦震为雷，所以说是"风雷"。

　　初九：利用为大作，元吉，无咎。

[译]

　　初九爻：宜于大有作为，最吉利，不受责备。

　　《象》曰："元吉，无咎"，下不厚事也。

[译]

　　《小象传》说："最吉利，不受责备"，是因为处下位者不必做大事。

[注]

　　厚事，做大事。

　　六二：或益之十朋之龟，弗克违，永贞吉。王用享于帝，吉。

[译]

　　六二爻：有人馈赠价值十朋的龟，没法推辞，永远守正，吉利。天子祭祀上帝，吉利。

[注]

　　王，天子。

　　《象》曰："或益之"，自外来也。

[译]

　　《小象传》说："有人馈赠……"，是从外而来。

　　六三：益之用凶事，无咎。有孚中行，告公用圭。

[译]

　　六三爻：增益用于救灾，不受责备。这是有诚信的中行氏，执圭报告了公爵。

[注]

　　中行,一说"处于行动之中"。圭,玉制礼器。

　　《象》曰:益用凶事,固有之也。
[译]

　　《小象传》说:增益用于救灾,是一向如此。

　　六四:中行告公从,利用为依迁国。
[译]

　　六四爻:中行氏向公爵报告得到准许,宜于为寻依靠而迁徙国都。

　　《象》曰:"告公从",以益志也。
[译]

　　《小象传》说:"向公爵报告得到准许",用以坚定自己的决心。

　　九五:有孚惠心,勿问,元吉。有孚,惠我德。
[译]

　　九五爻:有诚信使心地善良,不必占问,本来就吉。有诚信,增进我的德行。

　　《象》曰:"有孚惠心",勿问之矣。"惠我德",大得志也。
[译]

　　《小象传》说:"有诚信使心地善良",就不必占问了。"增进我的德行”,是充分实现了自己的志向。

上九:莫益之,或击之。立心无恒,凶。

[译]

上九爻:没人增益他,有人抨击他。心中没有操守,凶。

《象》曰:“莫益之”,偏辞也;“或击之”,自外来也。

[译]

《小象传》说:“没人增益他”,是就请求增益而无人响应这一方面而言;“有人抨击他”,是说抨击自外而来。

[注]

偏辞,孔颖达正义:“此有求而彼不应,是偏辞也。”

四三　夬

[解题]夬(guài),卦名,义为决。此卦讲述如何决断的问题。

☰(乾下兑上)夬

扬于王庭,孚号有厉。告自邑。不利即戎,利有攸往。

[译]

决断在朝廷上公布,真诚宣告危险来临。报告来自各个城邑。不宜于出兵,宜于采取其他行动。

《彖》曰:夬,决也,刚决柔也①。健而说,决而和。“扬于王庭”,柔乘五刚也。“孚号有厉”,其危乃光也。“告自邑,不利即戎”,所尚乃穷也。“利有攸往”,刚长乃终也②。

[译]

《象传》说:夬,意为决断、决定,刚直者决定柔邪者的命运。强健而喜悦,决断而和谐。"在朝廷上公布",是由于柔邪凌驾于五位刚直者之上。"真诚宣告危险来临",危险就能度过并且见到光明。"报告来自各个城邑,不宜于出兵",是因为崇尚武力行不通。"宜于采取其他行动",是因为刚直继续增长会使柔邪之道告终。

[注]

① 刚,指初九至九五都是阳爻;柔,指上六阴爻。

② 刚长,指阳爻继续增加。乃终,指将使该卦全为阳爻,象征消除柔邪小人之道。

《象》曰:泽上于天,夬。君子以施禄及下,居德则忌。

[译]

《大象传》说:泽居于天之上,其象征是夬卦。君子据此施恩惠于下属,但忌讳以德自居。

[注]

上卦兑为泽,下卦乾为天,所以是"泽上于天"。

初九:壮于前趾,往不胜,为咎。

[译]

初九爻:强行前进,却不能取胜,应受责备。

[注]

壮,强壮;前趾,脚趾。壮于前趾,意为勉强自己勇敢前进。壮,一说为伤。

《象》曰:不胜而往,咎也。

[译]

　　《小象传》说:不能取胜却要前往,要受责备的。

　　九二:惕号莫夜有戎,勿恤。

[译]

　　九二爻:夜间惊呼敌兵来了,不必理睬。

[注]

　　当是有人梦中惊呼。

　　《象》曰:有戎勿恤,得中道也。

[译]

　　《小象传》说:(听到惊呼)敌兵来了却不理睬,是懂得如何正确处理此事。

[注]

　　中道,即正道,正确的处事方式。

　　九三:壮于頄,有凶。君子夬夬独行,遇雨若濡,有愠无咎。

[译]

　　九三爻:勇气见于脸色,凶险。君子坚决果断独自前进,遇雨淋湿了衣裳,令人气恼,但不受责备。

[注]

　　頄(qiú),颧骨,此处指面颊。

　　《象》曰:“君子夬夬”,终无咎也。

[译]

《小象传》说："君子坚决果断……"，终究不受责备。

九四：臀无肤，其行次且。牵羊，悔亡。闻言不信。

[译]

九四爻：臀部皮开肉绽，行动艰难。如同牵羊，则可使悔恨消亡。（但他）听到这话却不相信。

[注]

次且，犹豫退缩，前进艰难。牵羊者在前，羊则不走；在后，羊就前行。比喻此时应甘处人后，才可没有悔恨。

《象》曰："其行次且"，位不当也。"闻言不信"，聪不明也。

[译]

《小象传》说："行动艰难"，是位置不适当。"听到这话却不相信"，是思想糊涂、不够聪明。

九五：苋陆夬夬。中行，无咎。

[译]

九五爻：采马齿苋易折易断。行为中正，不受指责。

[注]

朱熹《周易本义》："苋陆，今马齿苋。"

《象》曰："中行无咎"，中未光也。

[译]

《小象传》说："行为中正（仅仅）不受指责"，是中正的德行尚未发扬光大。

上六:无号,终有凶。

[译]

上六爻:无所号令,终究凶险。

《象》曰:无号之凶,终不可长也。

[译]

《小象传》说:无所号令的凶险,是因为终究无法维持。

四四　姤

[**解题**]姤(gòu),遇合。本卦论述遇合的道理。

☰(巽下乾上)姤

女壮,勿用取女。

[译]

遇合,遇到放荡的女人,可不要娶她。

[注]

壮,原义壮健。本卦一阴五阳,象征一女而五男,故译为"放荡"。

《彖》曰:姤,遇也,柔遇刚也。"勿用取女",不可与长也。天地相遇,品物咸章也。刚遇中正,天下大行也。姤之时义大矣哉!

[译]

《彖传》说:姤,就是遇,柔遇到了刚。"不要娶她",是因为相处不会长久。天地相遇,各种生物都各显风采。刚直遇到中正,天下事事都顺利进行。相遇时节,其意义是非常伟大的啊!

[注]

柔遇刚,即一阴爻(初爻)遇到了五个阳爻。

《象》曰:天下有风,姤。后以施命诰四方。

[译]

《大象传》说,天下面有风,这是姤卦的卦象。天子据此发布命令通告四面八方。

[注]

上卦乾为天,下卦巽为风,所以是"天下有风"。

初六:系于金柅,贞吉。有攸往,见凶,羸豕孚蹢躅。

[译]

初六爻:就像拴上了金属的车闸,守正才会吉利。到某个地方,见有凶险,(像)母猪一样躁动不安。

[注]

柅,拴在车下制动之物,故译为"车闸"。羸豕,指母猪。孚,此处通浮,浮躁意。蹢躅,躁动不安的样子。

《象》曰:"系于金柅",柔道牵也。

[译]

《小象传》说:"拴上了金属的车闸……",是说柔道牵制着。

九二:包有鱼,无咎,不利宾。

[译]

九二爻：厨房有鱼，不受责备，不适宜招待客人。

[注]

包，通庖，厨房。

《象》曰："包有鱼"，义不及宾也。

[译]

《小象传》说："厨房有鱼"，本来不是为招待客人的。

九三：臀无肤，其行次且，厉，无大咎。

[译]

九三爻：臀部皮开肉绽，行动艰难，十分痛苦，但没有大灾难。

《象》曰："其行次且"，行未牵也。

[译]

《小象传》说："行动艰难"，行动尚未找到依靠。

[注]

牵，牵据。意为帮助、依靠。

九四：包无鱼，起凶。

[译]

九四爻：厨房连鱼都没有了，要发生凶险。

《象》曰：无鱼之凶，远民也。

[译]

《小象传》说：无鱼的凶险，是远离了民众。

[注]

　　此句意为民众连鱼也不再供给他了。联系上句,可知"包有鱼"的鱼是下层民众送的,所以不适宜招待客人。

　　九五:以杞包瓜,含章。有陨自天。

[译]

　　九五爻:(如同)柳筐盛瓜,文采在内。只有上天能使他失败。

[注]

　　杞,杞柳,枝条柔顺,可编筐篓。章,文章,文采;含章,比喻人内蕴美德。

　　《象》曰:九五含章,中正也。"有陨自天",志不舍命也。

[译]

　　《小象传》说:处九五之位而能美德内蕴,是行为中正的表现。"只有上天能使他失败",是因为他不忘自己的使命。

　　上九:姤其角,吝,无咎。

[译]

　　上九爻:遭遇兽角,不愉快,但不受责备。

　　《象》曰:"姤其角",上穷,吝也。

[译]

　　《小象传》说:"遭遇兽角",是上到了尽头,所以不愉快。

四五　萃

[解题]萃,集聚。本卦讲述有关集聚的道理。

䷬（坤下兑上）萃

　　亨，王假有庙，利见大人。亨，利贞。用大牲吉，利有
攸往。

[译]

　　集聚起来，合祭祖先，天子到了祖庙，宜于大人出现。已和
神祇沟通，宜于占问。用肥大的牲畜吉利，宜于采取行动。

　　《彖》曰：萃，聚也。顺以说，刚中而应，故聚也。"王假
有庙"，致孝享也。"利见大人亨"，聚以正也。"用大牲吉，
利有攸往"，顺天命也。观其所聚，而天地万物之情可见矣！

[译]

　　《彖传》说：萃，聚集的意思。顺从而又喜悦，刚居中位得到
了拥护，所以能够聚集。"天子到了祖庙"，是为了表达孝心而
祭祀祖宗。"利于大人出现而且顺利"，因为是以正道聚集。
"用肥大的牲畜吉利，宜于采取行动"，是因为随顺了天命。观
察聚集的情况，天地万物的情况就可以知道了。

[注]

　　"顺以说"，指下卦坤为顺，上卦兑为悦（说）。"刚中而应"，指
上卦阳爻居中，得到下卦居中之阴爻的响应。

　　《象》曰：泽上于地，萃。君子以除戎器，戒不虞。

[译]

　　《大象传》说：泽处于地之上，其象征是萃卦。君子据此检
修武器，以防备突发事件。

[注]

　　上卦兑为泽，下卦坤为地，所以是"泽上于地"。除，检修。

初六:有孚不终,乃乱乃萃。若号,一握为笑。勿恤,往,无咎。

[译]

初六爻:有信约而不坚持,聚集就会发生混乱。若大声呼喊,就会引起众人嘲笑。但不要顾忌,继续进行,没有做错。

[注]

一握,王弼注:小之貌也。一握为笑,小声嘲笑。

《象》曰:"乃乱乃萃",其志乱也。

[译]

《小象传》说:"聚集就会发生混乱",是因为他的决心发生了动摇。

六二:引吉,无咎。孚,乃利用禴。

[译]

六二爻:有人引荐,吉利,不受责备。有诚信,就宜于实行禴祭。

[注]

禴,祭名。古代天子每年四次大祭祖宗,禴是其中比较简省之一种。

《象》曰:"引吉无咎",中未变也。

[译]

《小象传》说:"有人引荐,吉利,不受责备",是由于居中而没改变志向。

六三:萃如,嗟如,无攸利。往,无咎,小吝。

[译]

　　六三爻：聚集起来了，叹息也来了，没有什么补益。继续前进，没有过错，小有不快。

　　《象》曰："往无咎"，上巽也。

[译]

　　《小象传》说："继续前进没错"，是由于上级温和。

[注]

　　巽，顺从、温和。上爻为阴爻，所以说是上巽。

　　九四：大吉，无咎。

[译]

　　九四爻：大吉，才不受责备。

　　《象》曰："大吉无咎"，位不当也。

[译]

　　《小象传》说："大吉才不受责备"，是由于位置不当。

[注]

　　第四爻是阴位，九四以阳爻而居阴位，所以说是位置不当。

　　九五：萃有位，无咎。匪孚，元永贞，悔亡。

[译]

　　九五爻：聚集中居于尊贵地位，不受责备。没有信誉时，元首如能永远中正，就会远离悔恨。

[注]

　　程颐《程氏易传》道："元，首也，长也。为君德首出庶物……"

《象》曰:"萃有位",志未光也。

[译]

《小象传》说:"聚集中居于尊贵地位……",是由于他的志向未能发扬光大。

上六:赍咨涕洟,无咎。

[译]

上六爻:叹息流泪,不受责备。

[注]

赍咨,唐陆德明《周易音义》:嗟叹之辞。

《象》曰:"赍咨涕洟",未安上也。

[译]

《小象传》说:"叹息流泪",是由于处于上位心中不安。

四六　升

[解题]本卦讨论有关晋升的问题。

☷(巽下坤上)升

元,亨。用见大人,勿恤。南征吉。

[译]

晋升,开始,进行沟通。以此晋见大人,不要顾虑。前进是吉利的。

[注]

南征,程颐《程氏易传》、朱熹《周易本义》:前进也。

《彖》曰:柔以时升^①,巽而顺^②,刚中而应^③,是以大亨。"用见大人,勿恤",有庆也。"南征吉",志行也。

[译]

《彖传》说:柔顺者在适当的时机晋升,谦卑而恭顺,刚居中与之呼应,所以处处通顺。"以此晋见大人,不要顾虑",是因为有可庆贺之事。"前进是吉利的",由于志向得到了实现。

[注]

① 指坤卦在上,依卦变说是由于坤卦升到了上卦。

② 顺,指坤卦的性质。

③ 指下卦阳爻居中,和上卦居中之阴爻相应。

《象》曰:地中生木,升。君子以顺德,积小以高大。

[译]

《大象传》说:树木从地下萌芽,是升的卦象。君子据此以重视德行,积小以成高大。

[注]

上卦坤为地,下卦巽为木,所以说是"地中生木"。顺德,王肃本作"慎德",故译为重视德行。

初六:允升,大吉。

[译]

初六爻:必然晋升,大吉。

[注]

允,必然、应当。

《象》曰:"允升大吉",上合志也。

[译]

　　《小象传》说:"必然晋升,大吉",是由于与君上意向相合。

　　九二:孚,乃利用禴,无咎。

[译]

　　九二爻:诚信,就有利于实行禴祭,不受责备。

　　《象》曰:九二之孚,有喜也。

[译]

　　《小象传》说:九二爻的"诚信……",是因为将有喜事到来。

　　九三:升虚邑。

[译]

　　九三爻:登上无人防守的城墙。

　　《象》曰:"升虚邑",无所疑也。

[译]

　　《小象传》说:"登上无人防守的城墙",是由于无所猜疑。

[注]

　　不怀疑城内设有伏兵。

　　六四:王用亨于岐山,吉,无咎。

[译]

　　六四爻:天子在岐山举行祭祀,吉利,没有错误。

　　《象》曰:"王用亨于岐山",顺事也。

[译]

　　《小象传》说:"天子在岐山举行祭祀",是一件非常恰当的事。

　　六五:贞,吉,升阶。

[译]

　　六五爻:占问,吉利,晋升一级。

　　《象》曰:"贞吉升阶",大得志也。

[译]

　　《小象传》说:"占问吉利,晋升一级",充分实现了自己的志向。

　　上六:冥升,利于不息之贞。

[译]

　　上六爻:不知不觉地晋升,宜于不间断地坚守正道。

　　《象》曰:冥升在上,消,不富也。

[译]

　　《小象传》说:不知不觉地晋升到了极点,就会消衰,不会增益了。

四七　困

　　[解题]本卦讨论人处于困境的种种问题。

☰☵（坎下兑上）困

亨。贞，大人吉，无咎。有言不信。

[译]

处于困境，和神进行沟通。占问，大人吉利，没有错误。他的话没人相信。

《彖》曰：困，刚掩也。险以说，困而不失其所亨①，其唯君子乎！"贞，大人吉"，以刚中也②。"有言不信"，尚口乃穷也。

[译]

《彖传》说：困境，是刚被柔所掩盖了。危险之中有喜悦，处困境却不丧失能够亨通的言行，大约只有君子吧！"占问，大人吉利"，是由于刚处于中位。"他的话没人相信"，想凭口说来摆脱困境是不可能的。

[注]

① 所亨，所以亨通的言行，指平素的操守。

② 即上下卦都是阳爻居中。

《象》曰：泽无水，困。君子以致命遂志。

[译]

《大象传》说：泽中无水，其象征是困卦。君子据此不惜生命来实现自己的志向。

[注]

上卦兑为泽，下卦坎为水，所以说是"泽无水"。

初六：臀困于株木，入于幽谷，三岁不觌。

[译]

初六爻:掉入幽暗的山谷,臀部困于光秃的树干之上,多年没人发现。

[注]

依来知德《周易集注》,"臀困于株木,入于幽谷",是"倒言",即先入于幽谷,再困于株木。株木,光秃无枝叶的树木。三,不定数词,许多的意思。多年无人发现,极力形容困境之深。

《象》曰:"入于幽谷",幽,不明也。

[译]

《小象传》说:"掉入幽暗的山谷",幽,就是昏暗不明的意思。

九二:困于酒食,朱绂方来,利用享祀。征凶,无咎。

[译]

九二爻:喝得醺醺大醉,是突然来了做官的聘书,宜于祭祀祖宗神祇。轻举妄动则凶,不必怨尤他人。

《象》曰:"困于酒食",中有庆也。

[译]

《小象传》说:"喝得醺醺大醉",是因为有了可庆贺的事。

六三:困于石,据于蒺藜,入于其宫,不见其妻,凶。

[译]

六三爻:被满地乱石绊倒,手上扎了蒺藜,进到他的屋,不见他的妻,凶。

《象》曰:"据于蒺藜",乘刚也。"入于其宫不见其妻",不祥也。

[译]

　　《小象传》说:"手上扎了蒺藜",是因为凌驾于阳刚之上;"进到他的屋,不见他的妻",一定是发生了不幸。

[注]

　　六三爻处于九二爻之上,所以说是"乘刚"。

　　九四:来徐徐,困于金车。吝,有终。

[译]

　　九四爻:来的迟迟缓缓,豪华的车子出了麻烦。遭遇到难堪,但事情能够办成。

　　《象》曰:"来徐徐",志在下也,虽不当位,有与也。

[译]

　　《小象传》说:"来的迟迟缓缓",由于心思都在下边,虽然地位不高,但是有朋友帮助。

　　九五:劓刖,困于赤绂,乃徐有说。利用祭祀。

[译]

　　九五爻:遭受酷刑,被当官的作践,不过逐渐会有喜悦。宜于祭祀神祇。

[注]

　　劓,割掉鼻子。刖,割掉膝盖。

　　《象》曰:"劓刖",志未得也。"乃徐有说",以中直也。

"利用祭祀",受福也。

[译]

　　《小象传》说:"遭受酷刑",是由于不得志;"不过逐渐会有喜悦",是因为处心正直;"宜于祭祀神祇",因为可以求得神祇的佑护。

　　　　上六:困于葛藟,于臲卼,曰动悔。有悔,征吉。

[译]

　　上六爻:被葛藤缠绕,惶恐不安,动则有悔恨。若能悔改,行动就会吉利。

[注]

　　臲(niè)卼(wù),不安貌。

　　　　《象》曰:"困于葛藟",未当也。动悔有悔,吉行也。

[译]

　　《小象传》说:"被葛藤缠绕",是处事不当。动有悔恨而能悔改,这是吉利的行为。

四八　井

　　[解题]这一卦讲述井的故事和作用。

☴☵(巽下坎上)井

　　改邑不改井,无丧无得,往来井井。汔至,亦未繘井,羸其瓶,凶。

[译]

　　井,村镇面貌改变,井不改变,没有损失也没有收获,来来往往都从井中汲水。到井边,绳还未下井,却碰坏了水罐,凶。

[注]

　　繘,绳子。

　　《彖》曰:巽乎水而上水①,井。井养而不穷也。"改邑
不改井",乃以刚中也②。"汔至,亦未繘井",未有功也。
"羸其瓶",是以凶也。

[译]

　　《彖传》说:木入于水中而木上又是水,就是井。井的养育
是没有穷尽的。"村镇面貌改变,井不改变",是由于刚居中位。
"到井边,绳还未下井",是还没有成效。"碰坏了水罐",所以
是凶。

[注]

　　① 巽为木,为人,故"巽乎水"译为"木入于水中"。

　　② 刚中,本卦阳爻居中位。

　　《象》曰:木上有水,井。君子以劳民劝相。

[译]

　　《大象传》说:木上有水,其象征是井卦。君子据此使用民
力,规劝他们互相帮助。

[注]

　　上卦坎为水,下卦巽为木,所以是"木上有水"。相,帮助。

　　初六:井泥,不食。旧井,无禽。

[译]

　　初六爻:井中尽泥,不能食用。这口废井,鸟兽也不光顾。

《象》曰:"井泥不食",下也。"旧井无禽",时舍也。

[译]

　　《小象传》说:"井中尽泥,不能食用",因为泥是水下的东西。"这口废井,鸟兽也不光顾",是被时代抛弃了。

　　　九二:井谷射鲋,瓮敝漏。

[译]

　　九二爻:井水像溪水一样喷射到蛤蟆身上,是打水的陶瓮破漏了。

[注]

　　鲋,有人认为是小鱼,有人认为是蛤蟆。

　　　《象》曰:"井谷射鲋",无与也。

[译]

　　"井水像溪水一样喷射到蛤蟆身上",是无人相助。

　　　九三:井渫不食,为我心恻。可用汲,王明,并受其福。

[译]

　　九三爻:井掏净了却不能食用,使我难过。可以打水了,王者英明,大家都蒙受幸福。

[注]

　　渫,掏治。汲,打水。因为水瓮漏了,所以掏净的井水也不能食用。

　　　《象》曰:"井渫不食",行恻也。求王明,受福也。

[译]

　　《小象传》说:"井掏净了却不能食用",行人心中难过。祈求王者英明,是要蒙受幸福。

六四:井甃,无咎。

[译]

六四爻:把井砌好,没有过错。

《象》曰:"井甃无咎",修井也。

[译]

《小象传》说:"把井砌好没有过错",这是对井进行维修。

九五:井洌,寒泉食。

[译]

九五爻:井水清澈甘美,这是吃到了深处的泉水。

[注]

泉深则水寒,故译"寒泉"为"深处的泉水"。

《象》曰:寒泉之食,中正也。

[译]

《小象传》说:深处泉水的被食用,符合中正之道。

上六:井收,勿幕。有孚,元吉。

[译]

上六爻:打完水,不要加盖。信任别人,原本就吉利。

《象》曰:元吉在上,大成也。

[译]

《小象传》说,最上一爻是元吉,这是获得了完全成功。

四九　革

[解题]本卦解释变革的道理。

☲（离下兑上）革

已日乃孚。元，亨，利贞，悔亡。

[译]

变革，过些日子才能得到信任。开始，进行沟通，利于占问，不会有悔恨。

《彖》曰：革，水火相息。二女同居①，其志不相得，曰革。"已日乃孚"，革而信之。文明以说②，大亨以正，革而当，其悔乃亡。天地革而四时成。汤武革命③，顺乎天而应乎人。革之时大矣哉！

[译]

《彖传》说：革，就是水火互相消灭。两个女子同一丈夫，她们的愿望不能协调，叫做革。"过些日子才能得到信任"，是变革取得了信任。条理清楚并且喜悦，祭祀隆重并且言行端正，变革又适宜恰当，所以他才不会有悔恨。天地变革，成就了一年四季。商汤和周武王的革命，顺乎天意又合乎民心。变革的时机，是非常重要的啊！

[注]

① 指二位女子同嫁一个丈夫。

② "文明"指下卦离；"说"同悦，指上卦兑。

③ 汤武，指商朝第一个君主汤和周朝第一个君主武王。他们

都是用武装手段夺取了政权。中国古代认为,君主是上帝（天）所任命的,所以夺取政权称为"革命",即革去他人所接受的天命。

《象》曰:泽中有火,革。君子以治历明时。

[译]

《大象传》说:泽中有火,其象征是革卦。君子据此以制订历法,阐明时令。

[注]

上卦兑为泽,下卦离为火,所以是"泽中有火"。

初九:巩用黄牛之革。

[译]

初九爻:加固用黄牛的皮。

[注]

此爻指变革之初,先不要行动,一定要严守旧规。

《象》曰:"巩用黄牛",不可以有为也。

[译]

《小象传》说:"加固用黄牛的皮",是不可有所作为。

六二:已日乃革之,征吉,无咎。

[译]

六二爻:过些日子再改革,做起来吉利,不会出错。

《象》曰:"已日革之",行有嘉也。

[译]

　　《小象传》说:"过些日子再改革",行动会得到赞扬。

　　　九三:征凶,贞厉。革言三就,有孚。

[译]

　　九三爻:行动凶险,占问,有危险。多次说明改革的必要,终于取得了信任。

　　　《象》曰:"革言三就",又何之矣?

[译]

　　《小象传》说:"多次说明改革的必要",此外还能怎么做呢?

[注]

　　指只能这样取得对改革的信任,再无其他办法。

　　　九四:悔亡。有孚,改命吉。

[译]

　　九四爻:不会后悔。有信用,革命吉利。

[注]

　　改命,就是革命。

　　　《象》曰:改命之吉,信志也。

[译]

　　《小象传》说:革命吉利,因为实现了志向。

[注]

　　信,伸展。

九五：大人虎变，未占有孚。

[译]

九五爻：大人的变革像老虎，尚未占问就能得到信任。

[注]

大人，英明的君主。

《象》曰："大人虎变"，其文炳也。

[译]

《小象传》说："大人的变革像老虎"，是说虎皮花纹色彩斑斓。

上六：君子豹变，小人革面。征凶，居贞吉。

[译]

上六爻：君子的变革像豹子，小人变革自己的面目。继续变革凶险，保守成果吉利。

《象》曰："君子豹变"，其文蔚也。"小人革面"，顺以从君也。

[译]

《小象传》说："君子的变革像豹子"，豹子的花纹美丽多彩。"小人变革自己的面目"，表示温顺地服从君主。

[注]

蔚，美丽多彩。

五〇　鼎

[解题]鼎，古代烹煮的食具。烹煮，每次都要加入新食物。本

卦以此为名,讲述迎新的原则。

☰(巽下离上)鼎

　　元吉、亨。

[译]

　　鼎,原本就吉利,已经沟通的。

　　《彖》曰:鼎,象也。以木巽火①,亨饪也。圣人亨以享
上帝,而大亨以养圣贤②。巽而耳目聪明,柔进而上行,得
中而应乎刚,是以元亨③。

[译]

　　《彖传》说:鼎,一种象征。(象征)把木柴放入火里,进行
烹饪。圣人烹饪用于祭祀上帝,大规模烹饪供养圣贤。温顺
就耳目聪明,柔进一步向上,就是中位,和刚相应,所以原本就
亨通。

[注]

　　① 巽,入。鼎卦下卦为巽,上卦为离。巽为木,离为火,所以
　　　 说是木入于火中。
　　② 亨,通烹,烹饪的意思。
　　③ 这里的柔,指初爻为阴爻;中,指六五为中位;刚指九二
　　　 阳爻。

　　《象》曰:木上有火,鼎。君子以正位凝命。

[译]

　　《大象传》说:木上有火,其象征是鼎卦。君子据此以整顿
职位,严格责任。

[注]

　　下卦巽为木，上卦离为火，所以是"木上有火"。正，整顿上下尊卑的秩序。凝，严肃。

　　初六：鼎颠趾，利出否。得妾以其子，无咎。

[译]

　　初六爻：把鼎倒过来，利于倾倒污秽。因为妾生儿子而提高妾的地位，不会受到责备。

[注]

　　颠，颠倒，倾覆。趾，脚。否（pǐ），污秽。妾，次妻；得妾，提高次妻地位。因为妾生了个好儿子，因而地位提高，如同把鼎头脚颠倒过来。

　　《象》曰："鼎颠趾"，未悖也。"利出否"，以从贵也。

[译]

　　《小象传》说："把鼎倒过来"，没有违背原则。"利于倾倒污秽"，以便装入新鲜食物。

[注]

　　从贵，指装入新鲜食物。

　　九二：鼎有实，我仇有疾，不我能即，吉。

[译]

　　九二爻：鼎中有食物，我的仇人有重病，不能到来，吉利。

　　《象》曰："鼎有实"，慎所之也。"我仇有疾"，终无尤也。

[译]

　　《小象传》说:"鼎中有食物",要慎重自己的选择;"我的仇人有重病",我就完全不会担忧了。

[注]

　　尤,担忧。

　　九三:鼎耳革,其行塞,雉膏不食。方雨亏悔,终吉。

[译]

　　九三爻:鼎耳坏了,搬动困难,肥美的野鸡不能烹吃了。正要下雨,因而减少了懊悔,最终吉利。

　　《象》曰:"鼎耳革",失其义也。

[译]

　　《小象传》说:"鼎耳坏了",就失去了它的作用。

　　九四,鼎折足,覆公𫗧,其形渥,凶。

[译]

　　九四爻:鼎脚折断,弄洒了公爵的美食,其罪应在室内斩杀,凶。

[注]

　　形渥,四库本认为应作"刑剧",在室内斩杀。

　　《象》曰:"覆公𫗧",信如何也?

[译]

　　"弄洒了公爵的美食",将会怎么样呢?

六五:鼎黄耳、金铉,利贞。

[译]

六五爻:鼎,金黄的耳,金属的铉,宜于占问。

[注]

铉,穿过鼎耳以便举起的用具。

《象》曰:"鼎黄耳",中以为实也。

[译]

《小象传》说:"鼎,金黄的耳……",这是说鼎中可以填东西了。

上九:鼎玉铉,大吉,无不利。

[译]

上九爻:鼎有玉铉,大吉,没有不顺利。

《象》曰:玉铉在上,刚柔节也。

[译]

《小象传》说:玉铉在鼎上,象征刚柔互相节制。

五一 震

[解题]震动,本卦特别指雷震。古人认为,雷震是天怒,人,特别是君子,应该表示畏惧,并反省自己的行为。本卦描述雷震的各种表现以及君子应该如何对待的种种问题。

(震下震上)震

亨。震来虩虩,笑言哑哑。震惊百里,不丧匕鬯。

[译]

雷声震动,祭祀神祇。雷震袭来,惊惧严肃。继而笑容坦然,言行自若。雷声震惊百里,不失落手中的汤匙和香酒。

[注]

虩虩(xì),恐惧的样子。匕,汤匙。鬯(chǎng),香酒。这是描述在雷声袭来的时候,主祭者仍然从容祭祀的事。

《象》曰:"震,亨。""震来虩虩",恐致福也;"笑言哑哑",后有则也。"震惊百里",惊远而惧迩也。出可以守宗庙社稷,以为祭主也。

[译]

《象传》说:"雷声震动,祭祀神祇。""雷震袭来,惊惧严肃",因为恐惧可以使神降福。"继而笑容坦然,言行自若",这是雷声过后遵循行为的规则。"雷声震惊百里",惊动远方并恐吓附近。(不失落手中的汤匙和香酒的人),出任国君就可以保持国家安全,做祭祀的主持者。

[注]

四库本认为,"出可以守宗庙社稷"前应有"不丧匕鬯"四字。宗庙,祭祀祖宗神的庙宇;社稷,指社神(土神)和稷神(谷神)或它们的祭坛。宗庙、社稷是国家的象征。中国古代政教一体,祭祀权力高于行政权力。做主祭者,就是做掌握最高权力的君主。

《象》曰:洊雷,震。君子以恐惧修省。

[译]

《大象传》说:雷声接着雷声,其象征是震卦。君子据此恐惧神祇,反省自己。

[注]

洊,再次。震为雷。本卦上卦下卦都是震,所以说是"洊雷"。

初九:震来虩虩,后笑言哑哑。吉。

[译]

初九爻:雷震袭来,惊惧严肃;继而笑容坦然,言行自若。吉利。

《象》曰:"震来虩虩",恐致福也。"笑言哑哑",后有则也。

[译]

《小象传》说:"雷震袭来,惊惧严肃",因为恐惧可以使神降福。"笑容坦然,言行自若",这是雷声过后遵循行为的规则。

六二:震来厉,亿丧贝,跻于九陵。勿逐,七日得。

[译]

六二爻:疾雷响起,唉呀,丢失了行李,急忙登上高高的山陵。不要找了,七天后可以得到。

[注]

亿,语气词。这是讲一个人在疾雷到来的时候,想起丢失了行装,急忙回头去山路上寻找的情况。"不要找了……"的话,是别人的劝告。

《象》曰:"震来厉",乘刚也。

[译]

《小象传》说:"疾雷响起",意思是柔弱凌驾于刚强之上。

[注]

乘刚,指六二阴爻,凌驾于初九阳爻之上。

六三:震苏苏,震行无眚。

[译]

六三爻:雷声断断续续,这样的雷声不会造成灾害。

《象》曰:"震苏苏",位不当也。

[译]

《小象传》说:"雷声断断续续",是由于位置不当。

九四:震遂泥。

[译]

九四爻:雷声停滞。

[注]

泥,通尼。

《象》曰:"震遂泥",未光也。

[译]

《小象传》说:"雷声停滞",未能发扬光大。

六五:震往来厉,亿,无丧有事。

[译]

六五爻:疾雷滚来滚去,唉,别坏了我的事。

《象》曰:"震往来厉",危行也。其事在中,大无丧也。

[译]

《小象传》说:"疾雷滚来滚去",是危险的行动。他的事业就在中位,所以特别盼望不要受到破坏。

[注]

大,特别重视的意思。

上六:震索索,视矍矍,征凶。震不于其躬,于其邻,无咎。婚媾有言。

[译]

上六爻:雷声轰轰隆隆,目光闪闪烁烁,行动凶险。雷击不在自身,而在邻居,没有灾难。但婚姻之事会有闲言。

《象》曰:"震索索",未得中也。虽凶无咎,畏邻戒也。

[译]

《小象传》说:"雷声轰轰隆隆",是没有得到中位。虽然凶险但没有灾难,是由于畏惧邻居之事因而约束自己。

五二　艮

[解题]艮,停止的意思。本卦说明有关停止的道理和作用,告诉人们该行动的时候再行动,不该行动的时候,要善于停止下来。

☶(艮下艮上)艮

其背,不获其身;行其庭,不见其人。无咎。

[译]

(目光)停止于他的背上,就看不见他的前身;走过大庭,视而不见他们的人。不会受人责备。

《象》曰：艮，止也。时止则止，时行则行，动静不失其
时，其道光明。艮其止，止其所也。上下敌应，不相与也，
是以"不获其身；行其庭，不见其人，无咎"也。

[译]

《彖传》说：艮，是停止的意思。该停止的时候就停止，该行
动的时候就行动，行动和静止都不失时机，他的道路就宽广而明
朗。艮所说的停止，是停止于该停止的地方。上卦下卦相应的
爻都势均力敌，不相交往，所以"看不见他的前身；走过大庭，视
而不见他们的人，不会受到责备"啊。

[注]

上下敌应，指上卦下卦对应的爻都相同，象征人事双方势均力敌。

《象》曰：兼山，艮。君子以思不出其位。

[译]

《大象传》说：山上又是山，其象征是艮卦。君子据此不想
职责以外之事。

[注]

艮为山，本卦上下都是艮，所以是"兼山"。

初六：艮其趾，无咎，利永贞。

[译]

初六爻：停下他的脚步，不会受到责备，宜于永远坚守正道。

[注]

趾，泛指脚，意为脚步。

《象》曰："艮其趾"，未失正也。

[译]

《小象传》说："停下他的脚步"，是没有失去正道。

六二：艮其腓，不拯其随，其心不快。

[译]

六二爻：止住他的腿肚，他的脚就抬不起来，他的心就不愉快。

[注]

随，脚。

《象》曰："不拯其随"，未退听也。

[译]

《小象传》说："他的脚抬不起来"，是还没有退让和服从。

[注]

听，服从的意思。不服从，所以还想"抬脚"行动；抬不起，就不愉快。

九三：艮其限，列其夤，厉薰心。

[译]

九三爻：搂住他的腰，就隔绝了他的躯干上下，焦急煎熬着他的心。

[注]

限，腰；夤，夹脊肉，泛指躯干。列其夤，直译为：使他的夹脊肉上下分裂。

《象》曰:"艮其限",危薰心也。

[译]

　　《小象传》说:"搂住他的腰……",危险煎熬着他的心。

　　六四:艮其身,无咎。

[译]

　　六四爻,止住他的身躯,没有过错。

[注]

　　身,躯干。

《象》曰:"艮其身",止诸躬也。

[译]

　　《小象传》说:"止住他的身躯",就是止住了他自己。

[注]

　　躬,身体全部。

　　六五:艮其辅,言有序,悔亡。

[译]

　　六五爻:管住面颊,说话有条理,不会后悔。

[注]

　　辅,面颊。管住面颊,也就是管住嘴巴。序,一作孚。

《象》曰:"艮其辅",以中正也。

[译]

　　《小象传》说:"管住面颊……",以便使言语合适、正确。

上九:敦艮,吉。

[译]

上九爻:切实地坚持艮止原则,吉利。

《象》曰:"敦艮"之吉,以厚终也。

[译]

《小象传》说:"切实坚持艮止原则"的吉利,是由于他重视到底。

五三　渐

[解题]渐,逐渐。本卦用天鹅不断升高的例子,比喻人要不断地提高自己,特别是提高自己的道德。

☶☴(艮下巽上)渐

女归吉,利贞。

[译]

循序渐进,嫁女吉利,宜于守正。

《彖》曰:渐之进也,女归吉也。进得位,往有功也。进以正,可以正邦也。其位,刚得中也①。止而巽②,动不穷也。

[译]

《彖传》说:逐渐的进展,嫁女是吉利的。前进得到适当的地位,行动就有了功效。前进遵守正道,可以使国家归于正道。从爻位上说,是刚直得了中位。静止而谦逊,行动不会穷困。

[注]

　　① 刚得中,指第五爻为阳,居上卦中位。

　　② 止而巽,指上卦为艮,艮为止;下卦为巽,巽有谦逊的意思。

　　《象》曰:山上有木,渐。君子以居贤德善俗。

[译]

　　《大象传》说:山上有树木,其象征是渐卦。君子据此保持高尚道德,改善社会风气。

[注]

　　下卦艮为山,上卦巽为木,所以是"山上有木"。

　　初六:鸿渐于干,小子厉有言。无咎。

[译]

　　初六爻:天鹅慢慢地上了岸,小孩恐吓地喊了起来。不会遭受伤害。

[注]

　　鸿,天鹅。干,河岸。

　　《象》曰:小子之厉,义无咎也。

[译]

　　《小象传》说:小孩的恐吓,本来是不会有伤害的。

[注]

　　义,本义。

　　六二:鸿渐于磐,饮食衎衎,吉。

[译]

六二爻：天鹅慢慢地走到了磐石上，欢快地吃起东西来，吉利。

[注]

衎(kàn)，欢乐的样子。

《象》曰："饮食衎衎"，不素饱也。

[译]

"欢快地吃起东西来"，是它平素没有吃饱啊。

九三：鸿渐于陆。夫征不复，妇孕不育，凶。利御寇。

[译]

九三爻：天鹅慢慢走到了陆地上。丈夫出征不能回来，妻子怀孕但不敢把孩子生出来，将有大祸临头。宜于抵御盗贼。

《象》曰："夫征不复"，离群丑也。"妇孕不育"，失其道也。利用御寇，顺相保也。

[译]

《小象传》说："丈夫出征不能回来"，是由于投奔了恶人。"妻子怀孕不敢把孩子生出来"，是由于丧失了正道。用于抵御盗贼有利，是顺从以便互相保护。

[注]

离，同丽，附丽。丑，坏人。失其道，指和他人私通。

六四：鸿渐于木，或得其桷，无咎。

[译]

六四爻：天鹅慢慢地上到了树上，可巧占到了平直而粗大的树枝,没有灾难。

[注]

桷,方椽。指可做椽子的平直而粗大的树枝。

《象》曰:"或得其桷",顺以巽也。

[译]

《小象传》说:"可巧占到了平直而粗大的树枝",是顺从并且谦让的结果。

九五:鸿渐于陵,妇三岁不孕,终莫之胜,吉。

[译]

九五爻:天鹅慢慢地走上了山陵,妻子三年不怀孕,到底无人能够使其失贞,吉利。

《象》曰:"终莫之胜,吉",得所愿也。

[译]

"到底无人能够使其失贞,吉利",是因为能够坚持自己的心愿。

上九:鸿渐于陆,其羽可用为仪,吉。

[译]

上九爻:天鹅慢慢地飞上了云天,它的羽毛可以用做仪仗的装饰,吉利。

[注]

陆,繁体为陸。胡瑗认为,陸,当为逵,指云路。仪,指仪仗旗帜上面的装饰。以其羽为仪,比喻道德高尚者可以做他人的榜样。

《象》曰:"其羽可用为仪,吉",不可乱也。
[译]
　　《小象传》说:"它的羽毛可以用做仪仗的装饰,吉利",是由于他的志向不可动摇。

五四　归妹

　　[解题]归妹,即嫁妹,泛指嫁女,特指作为妹妹陪姐姐出嫁做妾。古代称女子出嫁为归,即终身有了归宿。本卦讲作为妹妹陪嫁做妾应该注意的问题,以及与婚姻有关的其他事项。

䷵(兑下震上)归妹
　　征凶,无攸利。
[译]
　　作为妹妹陪嫁,主动追求就有祸殃,没什么好处。
[注]
　　战国之前,诸侯娶妻,以妹妹一至数人从嫁。此卦告诫从嫁者不可与正妻争宠。

　　《彖》曰:归妹①,天地之大义也。天地不交而万物不兴。归妹,人之终始也。说以动,所归妹也。"征凶",位不当也。"无攸利",柔乘刚也②。
[译]
　　《彖传》说:婚姻,是天地间神圣的法则。天地不交合万物就不会产生。婚姻,是人的归宿和开始。喜悦而主动,是陪嫁来的妹妹。"主动追求有祸殃",是由于位置不当。"没什么好

处",是由于柔弱凌驾于刚强之上。

[注]

① 归妹,此处指一般婚姻。

② 本卦下卦一阴爻处于二阳爻之上,上卦二阴爻处于一阳爻之上,所以说是"柔乘刚"。

《象》曰:泽上有雷,归妹。君子以永终知敝。

[译]

　　《大象传》说:泽上有雷,其象征是归妹的卦象。君子据此察知这种婚姻终究要出曲折。

[注]

　　上卦震为雷,下卦兑为泽,所以是"泽上有雷"。

初九:归妹以娣,跛能履,征吉。

[译]

　　初九爻:作为妹妹陪嫁做娣,像跛子也能穿鞋走路,行动吉利。

[注]

　　娣,妹妹随姊做妾称娣。认识到自己为娣,虽然也能尽妻子的义务,但由于不是正妻,所以就像跛子不是正常人也能穿鞋走路。以这样的认识去行动,就会吉利。

《象》曰:"归妹以娣",以恒也;"跛能履吉",相承也。

[译]

　　《小象传》说:"作为妹妹陪嫁做娣",为的是婚姻关系长久;"像跛子也能穿鞋走路,行动吉利",是由于承担做妾的义务。

九二：眇能视，利幽人之贞。

[译]

九二爻：如眇者能视，幽人守正才有利。

[注]

眇，一目盲；幽人，不得志者。此爻辞意思是：居于妾位的妹妹，虽然也能履行妻子义务，但不过如眇者的能视而已。处于这样的地位，只有遵守正道，才是有利的。

《象》曰："利幽人之贞"，未变常也。

[译]

《小象传》说："幽人守正才有利"，是由于没有改变常规。

六三：归妹以须，反归以娣。

[译]

六三爻：妹妹出嫁是由于男方需要，又返回以娣的身份出嫁。

[注]

须，需。男方要把妹妹做正妻，但做正妻的姐姐还存在，所以又返回作为娣再嫁。

《象》曰："归妹以须"，未当也。

[译]

《小象传》说："妹妹出嫁是由于男方需要"，这是不恰当的。

九四：归妹愆期，迟归有时。

[译]

九四爻：出嫁的日期已经过去，推迟到另一个日子。

《象》曰:愆期之志,有待而行也。

[译]

《小象传》说:过期的想法,是由于要等待时机再嫁。

六五:帝乙归妹,其君之袂,不如其娣之袂良。月几望,吉。

[译]

六五爻:帝乙嫁妹,要做正妻的姐姐的嫁衣,没有要做娣的妹妹的嫁衣漂亮。就像将到望日的月亮,吉利。

[注]

帝乙,商朝的一个君主。君,此处指作为正妻出嫁的姐姐。袂,衣袖,泛指衣服。

《象》曰:"帝乙归妹","不如其娣之袂良"也,其位在中,以贵行也。

[译]

《小象传》说:"帝乙嫁妹……(姐姐)没有做娣的妹妹的嫁衣漂亮……(仍然吉利)",是由于她处于正位,以高贵身分嫁出的缘故。

[注]

其位在中,指六五爻处于中位,比喻姐姐处于正位。

上六:女承筐,无实;士刲羊,无血。无攸利。

[译]

上六爻:女子提筐,没有物品;男子杀羊,刺不出血。不是好事。

《象》曰:上六"无实",承虚筐也。

[译]

　　《小象传》说:上六爻所说的"没有物品",说的是女子提了个空筐。

五五　丰

[解题]丰,宏大。本卦主要讲遇到大事的种种情况。

☲☳(离下震上)丰

　　亨,王假之,勿忧。宜日中。

[译]

　　盛大祭祀,天子到场,不必担忧。正午祭祀适宜。

[注]

　　假之,来到。

　　《彖》曰:丰,大也。明以动,故丰。"王假之",尚大也。"勿忧,宜日中",宜照天下也。日中则昃,月盈则食,天地盈虚,与时消息,而况于人乎! 况于鬼神乎!

[译]

　　《彖传》说:丰,就是宏大。明亮而且震动,所以是大。"天子到场",那是因为重视大事。"不必担忧,正午祭祀适宜",因为日当正午普照天下。太阳到了正午就要偏斜,月亮一旦圆满就要亏缺。天地尚且一圆一缺,随着时间推移消长,何况人呢! 何况鬼神呢!

[注]

丰下卦离为明;上卦震为动。所以说"明以动"。

《象》曰:雷电皆至,丰。君子以折狱致刑。

[译]

《大象传》说:雷电交加,其象征是丰卦。君子据此断狱用刑。

[注]

震为雷,离为明,为闪电,所以是"雷电皆至"。

初九:遇其配主,虽旬无咎。往有尚。

[译]

初九爻:外出遇上了女主人,只在她家住十天无妨。去她那里会得到奖赏。

[注]

配主,女主人。虽,帛书为"唯"。尚,同赏。

《象》曰:"虽旬无咎",过旬灾也。

[译]

《小象传》说:"只在她家住十天无妨",过了十天就会有灾。

六二:丰其蔀,日中见斗,往得疑疾。有孚发若,吉。

[译]

六二爻:阴影越来越大,白天出现了星斗,出门观看产生了严重的怀疑。心有诚信从而阴影散去,吉祥。

[注]

蔀,蔽日之云,此处指日食造成的阴影。发若,拨之,散阴见日意。

《象》曰："有孚发若"，信以发志也。

[译]

《小象传》说："心有诚信从而阴影散去"，是说诚信开发了心志。

九三：丰其沛，日中见沫。折其右肱，无咎。

[译]

九三爻：好像张开了帷幔，白天出见了小星星。折断了右臂，不受责备。

[注]

沛，帷幔，此处指日食造成的阴影。沫，微小意，此处指小星星。

《象》曰："丰其沛"，不可大事也。"折其右肱"，终不可用也。

[译]

《小象传》说：张开帷幔，不能做大事了。折了右臂，就完全不能用了。

九四：丰其蔀，日中见斗。遇其夷主，吉。

[译]

九四爻：阴影越来越大，白天出现了星斗。遇到了旧主人，吉祥。

[注]

夷，平常，转意为旧。

《象》曰:"丰其蔀",位不当也。"日中见斗",幽不明也。"遇其夷主",吉,行也。

[译]

《小象传》说:"阴影越来越大",因为位置不当。"白天出现了星斗",是说幽暗不明。"遇到了旧主人",吉祥,走吧。

[注]

九四阳爻处阴位,所以说是"位不当"。

六五:来章,有庆誉。吉。

[译]

六五爻:出头的日子来了,有喜庆、荣光。吉祥。

[注]

章,即彰,表彰。

《象》曰:六五之吉,有庆也。

[译]

《小象传》说:六五的吉,是说有喜庆之事。

上六:丰其屋,蔀其家,窥其户,阒其无人。三岁不觌,凶。

[译]

上六爻:如此大的房子,如此密闭的家,从门缝偷偷窥视,静悄悄了无一人。都三年不见有人了,出了凶事。

[注]

丰其屋,扩大房子,此处转意为大的房子。蔀其家,遮蔽庭院意,此处转意为密闭的家。阒,静静的样子。

《象》曰:"丰其屋",天际翔也。"窥其户,阒其无人",自藏也。

[译]

《小象传》说:"扩建房屋",那是处在飞黄腾达的时候。"从门缝偷偷窥视,静悄悄了无一人",是说各自都藏了起来。

[注]

际翔,一作"降祥",即天降的灾祸。

五六　旅

[解题]旅,出外旅行。本卦主要讲出外旅行的种种遭遇。

☰(艮下离上)旅

小亨。旅,贞,吉。

[译]

外出旅行,小祭一下。旅行,占问,吉祥。

《象》曰:"旅,小亨",柔得中乎外而顺乎刚[1]。止而丽乎明[2]。是以"小亨,旅贞吉"也。旅之时义大矣哉!

[译]

《彖传》说:"旅行,较为通畅",那是因为柔顺存于心而外面顺从刚强。歇足之时依倚明主,所以说"较为通畅,旅行守正则吉祥"呀。旅行的时节,其意义是非常重要的啊!

[注]

① 本卦二、五爻都是阴爻,所以是"柔得中";二、五爻之上都是阳爻,所以是"外而顺乎刚"。

② 下卦艮为山，为止；上卦离为火，为明。所以说是"止而丽乎明"。

《象》曰：山上有火，旅。君子以明慎用刑而不留狱。

[译]

《大象传》说：山上有火，这是旅卦的卦象。君子据此明晓慎用刑罚而不拖延讼事。

[注]

上卦离为火，下卦艮为山，所以是"山上有火"。

初六：旅琐琐，斯其所取灾。

[译]

初六爻：旅途中抠抠索索，这是招来灾祸的原因。

[注]

琐琐，细小卑下的样子。

《象》曰："旅琐琐……"，志穷灾也。

[译]

《小象传》说："旅途中抠抠索索……"，这是说没有志向，招来灾祸。

六二：旅即次，怀其资，得童仆，贞。

[译]

六二爻：旅行到了客舍，带着他的财物，得到一个奴仆，占问吉凶。

[注]

次，客舍。

《象》曰："得童仆,贞",终无尤也。

[译]

《小象传》说："得奴仆,出于正道",肯定不会引来麻烦。

九三:旅焚其次,丧其童仆,贞,厉。

[译]

九三爻:旅途中客舍失火,失去了奴仆。占问,危险。

《象》曰:"旅焚其次",亦以伤矣。以旅与下,其义丧也。

[译]

《小象传》说:"旅途中客舍失火",也算是受到了伤害。以旅者的身份与下人共事,理当有失。

九四:旅于处得其资斧,我心不快。

[译]

九四爻:旅者于住处找到了他的钱物,可是仍然不开心。

[注]

斧,古代斧形钱币。

《象》曰:"旅于处",未得位也。"得其资斧",心未快也。

[译]

《小象传》说:"旅者在住处",处的位置不当。"找到了他的钱物",心中仍然不快活。

[注]

九四以阳爻处阴位,所以是"未得位"。

六五:射雉,一矢亡,终以誉命。

[译]

六五爻:射野鸡,丢了一支箭,最后得到了赞誉。

《象》曰:"终以誉命",上逮也。

[译]

《小象传》说:"最后得到了赞誉",因为君上知道了。

[注]

逮,到达意。

上九:鸟焚其巢,旅人先笑后号咷。丧牛于易,凶。

[译]

上九爻:鸟巢失了火,旅者先笑后嚎啕大哭。在易国丢了牛,凶险。

[注]

易,地名。

《象》曰:以旅在上,其义焚也。"丧牛于易",终莫之闻也。

[译]

《小象传》说:以旅者的身份处于上位,遭受焚烧合于情理。"在易国丢了牛",最后也没有下落。

五七　巽

[解题] 巽,顺从、卑微。此卦主要讲处在卑微地位的种种情况。

☴（巽下巽上）巽

小亨。利有攸往,利见大人。

[译]

　　卑微恭顺,小做沟通。宜于有所行动,宜于大人出现。

《彖》曰:重巽以申命①,刚巽乎中正而志行②,柔皆顺乎刚③,是以“小亨,利有攸往,利见大人”。

[译]

　　《彖传》说:加倍恭顺的情况下宣布政令,刚恭顺于中正因而志向得以实现,柔完全恭顺于刚,所以“小有亨通,宜于有所行动,宜于大人出现”。

[注]

　　① 重巽,指本卦为两巽卦重叠。

　　② 本卦二、五皆为阳爻,所以说是“刚巽乎中正”。

　　③ 本卦初、四阴爻,都处在阳爻之下,所以是“柔皆顺乎刚”。

《象》曰:随风,巽。君子以申命行事。

[译]

　　《大象传》说:两风相随,其象征是巽卦。君子据此宣布政令,实施政事。

[注]

　　巽为风,巽卦上下皆巽,所以是“随风”。

初六:进退?利武人之贞。

[译]

　　初六爻:进退两难,宜于军人守正。

《象》曰:"进退",志疑也。"利武人之贞",志治也。

[译]

　　《小象传》说:"进退两难",是志向不定。"宜于军人守正",是志在整顿。

　　九二:巽在床下。用史巫纷若。吉,无咎。

[译]

　　九二爻:伏在床下。请来众多巫师。吉祥,没有祸害。

　　《象》曰:纷若之吉,得中也。

[译]

　　《小象传》说:巫师众多的吉,是占了中位的缘故。

　　九三:频巽,吝。

[译]

　　九三爻:皱着眉头顺从,心中难过。

　　《象》曰:频巽之吝,志穷也。

[译]

　　《小象传》说:皱着眉头顺从的难过,是因为志向难以实现。

　　六四:悔亡,田获三品。

[译]

　　六四爻:悔恨消失,猎获多种禽兽。

　　《象》曰:"田获三品",有功也。

[译]

《小象传》说:"猎获多种禽兽",有了功劳呀。

九五:贞,吉,悔亡,无不利。无初有终。先庚三日,后庚三日,吉。

[译]

九五爻:占问,吉祥,悔恨消失,没有不利。开始不顺结束时很好。庚日前三日、庚日后三日,吉祥。

[注]

庚,天干记日法中的庚日。

《象》曰:九五之吉,位正中也。

[译]

《小象传》说:九五爻的吉,是因为处于它的正位中位。

上九:巽在床下,丧其资斧。贞,凶。

[译]

上九爻:伏在床下,失了财物。占问,凶险。

《象》曰:"巽在床下",上穷也。"丧其资斧",正乎凶也。

[译]

《小象传》说:"伏在床下",再往上已经无路可走。"失了财物",必然是凶。

[注]

卦爻的顺序,自下而上。到了上爻,就是到了顶点,所以说是"上穷"。

五八　兑

[**解题**]兑,欢欣、喜悦。此卦主要讲欢欣、喜悦时的种种情况。

☱(兑下兑上)兑

亨。利贞。

[译]

欢欣之际,进行沟通。宜于占问。

《彖》曰:兑,说也。刚中而柔外[①],说以利贞,是以顺乎天而应乎人。说以先民[②],民忘其劳;说以犯难,民忘其死。说之大,民劝矣哉[③]!

[译]

《彖传》说:兑,就是喜悦。刚涵于内而柔表现于外,使人欢悦地觉得守正有利,所以是顺乎天意又合乎民心。使民众喜悦来引导民众,民众就会忘我劳作;让民众高兴地去冒犯危险,民众就会舍生忘死。喜悦的伟大作用,使民众能互相鼓励啊!

[注]

① 兑卦二、五中位都是阳爻,三、上都是阴爻,所以说是"刚中而柔外"。

② 先民,引导百姓。

③ 劝,勉励。

《象》曰:丽泽,兑。君子以朋友讲习。

[译]

　　《大象传》说：两泽相附，其象征是兑卦。君子据此与朋友讨论、演习。

[注]

　　兑为泽，泽与泽结合，所以是"丽泽"。

　　初九：和兑，吉。

[译]

　　初九爻：和悦，吉利。

　　《象》曰：和兑之吉，行未疑也。

[译]

　　《小象传》说：和悦的吉，是因为行动不存疑心。

　　九二：孚兑，吉。悔亡。

[译]

　　九二爻：真诚的欢悦，吉利。悔恨消失。

　　《象》曰：孚兑之吉，信志也。

[译]

　　《小象传》说：真诚喜悦的吉利，在于志向坚定。

　　六三：来兑，凶。

[译]

　　六三爻：追求欢悦，凶。

[注]

　　来，来追求。

《象》曰:来兑之凶,位不当也。

[译]

　《小象传》说:追求欢悦的凶,是由于位置不当啊。

　九四:商兑未宁,介疾有喜。

[译]

　九四爻:交谈的欢悦尚未止息,疥病好转。

[注]

　商,交谈。

《象》曰:九四之喜,有庆也。

[译]

　《小象传》说:九四爻的喜,是因为有喜庆啊。

　九五:孚于剥,有厉。

[译]

　九五爻:信任而造成损害,有危险。

[注]

　孚,信任。剥,剥落,此处指损害。

《象》曰:"孚于剥",位正当也。

[译]

　《小象传》说:"信任而造成损害",是因为处于适当的位置。

[注]

　九五阳爻处阳位,所以说"位正当"。

上六：引兑。

[译]

上六爻：因引导而欢悦。

《象》曰：上六"引兑"，未光也。

[译]

《小象传》说：上六"因引导而喜悦"，是尚未光大发扬。

五九　涣

[解题]涣，涣散。此卦讲述面对涣散的种种问题。

☷(坎下巽上)涣

亨，王假有庙。利涉大川，利贞。

[译]

涣散时期，举行祭祀，天子来到宗庙。宜于涉渡大河，宜于占问。

《彖》曰：涣，亨，刚来而不穷，柔得位乎外而上同。"王假有庙"，王乃在中也。"利涉大川"，乘木有功也。

[译]

《彖传》说：涣散，亨通，是因为刚强源源到来而不穷竭，柔弱位于外围并且赞同君上。"天子来到宗庙"，是说天子处于中位。"宜于涉渡大河"，是说乘船就会成功。

[注]

刚来而不穷，指九二阳爻来自节卦的九五；柔得位乎外而上同,指六四阴爻来自节卦六三。因为节卦颠倒即是涣卦,反之亦然。

《象》曰:风行水上,涣。先王以享于帝,立庙。

[译]

《大象传》说:风行于水上,是涣卦的卦象。先王据此祭祀上帝,建立宗庙。

[注]

下卦坎为水,上卦巽为风,所以是"风行水上"。先王,已故的天子。

初六:用拯马壮,吉。

[译]

初六爻:用于拯救的马壮健,吉祥。

《象》曰:初六之吉,顺也。

[译]

《小象传》说:初六爻的吉祥,是因为顺从。

九二:涣,奔其机,悔亡。

[译]

九二爻:涣散时,奔向自己的几案,悔恨消失。

[注]

机,即几,桌子的前身。

《象》曰:"涣奔其机",得愿也。

[译]

《小象传》说:"涣散时,奔向自己的几案",是说各自如愿以偿了。

六三:涣其躬,无悔。

[译]

六三爻:涣散他的初衷,没有怨恨。

[注]

躬,自身,指他的初衷。

《象》曰:"涣其躬",志在外也。

[译]

《小象传》说:"涣散他的初衷",是志于外在的东西。

六四:涣其群,元吉。涣有丘,匪夷所思。

[译]

六四爻:涣散他的团伙,这只是吉利的开始。涣散时,仍有一座山丘存在,不可想象。

[注]

匪,非。夷,平常。

《象》曰:"涣其群,元吉",光大也。

[译]

《小象传》说:"涣散他的同伙,这只是吉利的开始",是正道要发扬光大了。

九五:涣汗,其大号。涣,王居无咎。

[译]

九五爻:涣散(病)而发汗,他大声喊叫。涣散时,天子的地位不受损害。

《象》曰:王居无咎,正位也。

[译]

《小象传》说:"天子的地位不受损害",是因为处于正位。

上九:涣其血,去逖出,无咎。

[译]

上九爻:涣散他的血,离开而远出,不受伤害。

[注]

去,离开。逖,远。

《象》曰:"涣其血",远害也。

[译]

《小象传》说:"涣散他的血……",是说远离危险。

六〇　节

[解题]节,节俭,节制。本卦讲述有关节制的种种问题。

☵(兑下坎上)节

亨。苦节,不可贞。

[译]

节俭,亨通。苛刻地节俭,占问也没用。

《彖》曰："节，亨"，刚柔分而刚得中^①。"苦节，不可贞"，其道穷也。说以行险^②，当位以节，中正以通。天地节而四时成。节以制度，不伤财，不害民。

[译]

《彖传》说："节俭，亨通"，是因为刚强与柔弱均分而刚强居中。"苛刻地节俭，占问也没用"，是因为这样的做法行不通。高高兴兴去冒险，要以适当的地位去节制，以正确而高尚的行为去开通。天地节制因而一年四季各有所成。节俭要有制度，不要浪费财物，也不要伤害民众。

[注]

① 刚柔分而刚得中，指本卦阴阳爻数量相同，而阳爻居于二、五中位。

② 说即悦。下卦兑为悦，上卦坎为险，所以说是"说以行险"。

《象》曰：泽上有水，节。君子以制数度，议德行。

[译]

《大象传》说：泽上有水，其象征是节卦。君子据此以订立制度，讲究德行。

[注]

下卦兑为泽，上卦坎为水，所以是"泽上有水"。

初九：不出户庭，无咎。

[译]

初九爻：不出屋门，没有灾难。

《象》曰："不出户庭"，知通塞也。

[译]

  《小象传》说："不出屋门"，是知道哪里畅通，哪里堵塞。

  九二：不出门庭，凶。

[译]

  九二爻：不出院门，凶。

  《象》曰："不出门庭，凶"，失时极也。

[译]

  《小象传》说："不出院门，凶"，因为失去了适当的时机。

[注]

  极，中。时极，即时中，适当的时机。或以极为至，亦通。

  六三：不节若，则嗟若。无咎。

[译]

  六三爻：不节制，就哀叹。无所怪罪。

  《象》曰：不节之嗟，又谁咎也？

[译]

  《小象传》说：不加节制引来的哀叹，又能怪罪谁呢？

  六四：安节，亨。

[译]

  六四爻：安于节制，亨通。

  《象》曰：安节之亨，承上道也。

［译］

　　《小象传》说：安于节制之所以亨通，是因为遵奉了君上的意旨。

　　九五：甘节，吉。往有尚。

［译］

　　九五爻：甘愿节制，吉祥。坚持下去会得到奖赏。

［注］

　　尚，即赏。

　　《象》曰：甘节之吉，居位中也。

［译］

　　《小象传》说：甘愿节制之所以吉祥，是因为居于中位。

　　上六：苦节，贞，凶。悔亡。

［译］

　　上六爻：苛刻地节俭，占问，凶。悔恨消失。

　　《象》曰："苦节，贞，凶"，其道穷也。

［译］

　　《小象传》说："苛刻地节俭，占问，凶"，这样的做法行不通。

六一　中孚

　　[解题]中孚，内心诚信。此卦讲诚信的道理。

䷼（兑下巽上）中孚

豚鱼,吉。利涉大川,利贞。

[译]

内心的诚信感动了豚鱼,吉祥。宜于涉渡大河,利于占问。

[注]

中,内心。孚,诚信。

《彖》曰:中孚,柔在内而刚得中①。说而巽②。孚乃化邦也。"豚鱼,吉",信及豚鱼也。"利涉大川",乘木舟虚也。中孚以利贞,乃应乎天也。

[译]

《彖传》说:中孚,是说柔弱在内而刚强居中。欢悦而又谦逊。诚信就可以感动全国。"豚鱼,吉祥",是说诚信甚至感动了豚鱼。"宜于涉渡大河",因为乘坐的木舟中间空虚。中孚卦利于守正,是因为要顺应天意。

[注]

① 三、四两阴爻处于卦象中间,所以说是"柔在内";二、五中位都是阳爻,所以是"刚得中"。

② 下卦兑为悦,上卦巽,所以说是"说而巽"。巽,谦逊意。

《象》曰:泽上有风,中孚。君子以议狱缓死。

[译]

《大象传》说:泽上有风,是中孚之卦象。君子据此讨论案情,减免死罪。

[注]

下卦兑为泽,上卦巽为风,所以是"泽上有风"。

初九：虞，吉。有它，不燕。

[译]

初九爻：安心专一，吉祥。别有所图，不安。

[注]

虞，安心、专一。燕，安宁。

《象》曰：初九"虞吉"，志未变也。

[译]

《小象传》说：初九"安心专一吉祥"，因为志向没有改变。

九二：鸣鹤在阴，其子和之。我有好爵，吾与尔靡之。

[译]

九二爻：鸣叫的仙鹤在树荫之下，小鹤与它声声应答。我有许多美好的爵位，都给了你们吧。

《象》曰："其子和之"，中心愿也。

[译]

《小象传》说："小鹤和它声声应答"，是发自内心的啊！

六三：得敌，或鼓或罢，或泣或歌。

[译]

六三爻：遇到敌人，有的击鼓迎敌，有的弃守退却，有时畏惧哭泣，有时庆幸唱歌。

《象》曰："或鼓或罢"，位不当也。

[译]

《小象传》说："有的击鼓迎敌，有的弃守退却……"，因为所处位置不当。

六四:月几望,马匹亡,无咎。

[译]

六四爻:月接近望日,马失去配偶,没有妨害。

《象》曰:"马匹亡",绝类上也。

[译]

《小象传》说:"马失去配偶",是断绝同类而心向君上。

九五:有孚挛如,无咎。

[译]

九五爻:把守信挂在心中,没有妨害。

[注]

挛,牵系,挂牵。

《象》曰:"有孚挛如",位正当也。

[译]

《小象传》说:"把守信挂在心中……",是说位置正当。

上九:翰音登于天,贞,凶。

[译]

上九爻:鸡飞上了天,占问,凶险。

[注]

翰音,鸡,一说鸡鸣。

《象》曰:"翰音登于天",何可长也?

[译]

　　《小象传》说:"鸡飞上了天",怎么可能长久!

六二　小过

　　[解题]小过,稍微过分,或者小有过失。此卦讲如何对待小过失。

䷽(艮下震上)小过

　　亨,利贞。可小事,不可大事。飞鸟遗之音,不宜上,宜下。大吉。

[译]

　　小有过失,和神沟通,利于占问。可用于小事,不可用于大事。飞鸟留下的鸣声,不宜处上,宜处下位。大吉。

　　《彖》曰:小过,小者过而亨也。过以利贞,与时行也。柔得中①,是以小事吉也。刚失位而不中②,是以不可大事也。有飞鸟之象焉。"飞鸟遗之音,不宜上,宜下。大吉",上逆而下顺也。

[译]

　　《彖传》说:小过,是说小事过分仍可亨通。过分仍然利于占问,是因为行为合于时宜。柔顺者处于中位,所以小事吉祥。刚强者失去正位而不居中,所以不可用于大事。卦象征飞鸟。"飞鸟留下的鸣声,不宜处上位,宜处下位。大吉",因为向上是逆行而向下是顺行。

[注]

　　① 柔得中,指二、五中位皆为阴爻。

　　② 刚失位而不中,指三、四阳爻都不在中位。

　　《象》曰:山上有雷,小过。君子以行过乎恭,丧过乎哀,用过乎俭。

[译]

　　《大象传》说:山上有雷,是小过的卦象。君子据此使行为过于恭顺,丧事过于悲哀,日用过于节俭。

[注]

　　下卦艮为山,上卦震为雷,所以是"山上有雷"。

　　初六:飞鸟以凶。

[译]

　　初六爻:飞鸟有凶险。

　　《象》曰:"飞鸟以凶",不可如何也!

[译]

　　《小象传》说:"飞鸟有凶险",不飞又怎么办呢!

　　六二:过其祖,遇其妣;不及其君,遇其臣。无咎。

[译]

　　六二爻:错过了祖父,遇到了祖母;没见到君主,遇到了臣子。没有妨害。

　　《象》曰:"不及其君",臣不可过也。

[译]

　　《小象传》说:"没见到君主",因为臣子是不可越过的。

　　九三:弗过防之,从或戕之,凶。

[译]

　　九三爻:没有过失要防止过失,放纵就可能把他害死。凶险。

[注]

　　从,放纵。戕,杀害。

　　《象》曰:"从或戕之",凶如何也!

[译]

　　《小象传》说:"放纵就可能把他害死",那是多么的凶险呀!

　　九四:无咎。弗过遇之,往厉必戒,勿用永贞。

[译]

　　九四爻:没有妨害。没有过失要善待他,前面危险要告诫他,不需要长久的忠贞。

[注]

　　遇,投合,善待。

　　《象》曰:"弗过遇之",位不当也。"往厉必戒",终不可长也。

[译]

　　《小象传》说:"没有过失要善待他",因为位置不当。"前面危险要告诫他",因为肯定不能长久。

六五：密云不雨，自我西郊。公弋取彼在穴。

[译]

六五爻：暗云密集但不下雨，到了我的城西。公爵猎取在巢穴里的禽兽。

[注]

弋，射箭。

《象》曰："密云不雨"，已上也。

[译]

《小象传》说："暗云密集但不下雨"，是说雨被中止了。

[注]

上，四库本认为，应为止。

上六：弗遇过之，飞鸟离之，凶。是谓灾眚。

[译]

上六爻：不善待他而责备他，就像飞鸟撞进了网罗，凶。这就叫灾难。

[注]

离，附着，引申为捕捉。

《象》曰："弗遇过之"，已亢也。

[译]

《小象传》说："不善待他而责备他"，因为已经太过分了。

六三　既济

[解题]既济，已经渡过河。此卦讲事情完成后的种种遭遇。

䷾（离下坎上）既济

亨,小。利贞。初吉终乱。

[译]

事情已经完成,祭祀,小规模的。利于占问。起初吉祥,最终混乱。

《彖》曰:"既济,亨①",小者亨也。"利贞",刚柔正而位当也②。"初吉",柔得中也③。终止则乱,其道穷也。

[译]

《彖传》说:"事情已经完成,小亨通",是说小事亨通。"利于占问",因为阳刚、阴柔各自都处在自己的正位上。"起初吉祥",因为阴柔居于中位。终止的时候就会混乱,因为它的路已经走到了终点。

[注]

① 四库本认为,亨后应有小。

② 本卦一、三、五爻为阳,二、四、六爻为阴,所以是"刚柔正而位当"。

③ 柔得中,指六二阴爻。

《象》曰:水在火上,既济。君子以思患而预防之。

[译]

《大象传》说:水在火上,是既济卦的卦象。君子据此而居安思危,加以预防。

[注]

下卦离为火,上卦坎为水,所以是"水在火上"。

初九:曳其轮,濡其尾,无咎。

[译]

初九爻:拽车轮子,打湿了尾巴,不受责备。

《象》曰:"曳其轮",义"无咎"也。

[译]

《小象传》说:"拽车轮子",应该是"不受责备"。

六二:妇丧其茀,勿逐,七日得。

[译]

六二爻:妇人丢了她的首饰,不用找,七日后得到。

[注]

茀,首饰。

《象》曰:"七日得",以中道也。

[译]

《小象传》说:"七日后得到",因为合乎中道。

九三:高宗伐鬼方,三年克之。小人勿用。

[译]

九三爻:高宗讨伐鬼方,三年克敌。一般人不可这样做。

[注]

高宗,指商王武丁。鬼方,古代国名。

《象》曰:"三年克之",惫也。

[译]

《小象传》说:"三年克敌",累坏了。

六四:繻有衣袽,终日戒。

[译]

六四爻:破絮湿透了,终日提心吊胆。

[注]

繻,即濡,打湿。衣袽,从旧衣中拆下的破絮。

《象》曰:终日戒,有所疑也。

[译]

《小象传》说:"终日提心吊胆",因为有所疑虑啊。

九五:东邻杀牛,不如西邻之禴祭,实受其福。

[译]

九五爻:东邻杀牛,不如西邻的禴祭,实在地享受神赐的福泽。

[注]

杀牛,指祭品丰盛。禴祭,祭品简单的祭祀。

《象》曰:东邻杀牛,不如西邻之时也。"实受其福",吉大来也。

[译]

《小象传》说:东邻杀牛,不如西邻祭祀得按时啊。"实在地享受神赐的福泽",是说吉祥纷纷到来啊。

上六:濡其首,厉。

[译]

上六爻:沾湿了头,危险。

《象》曰:"濡其首,厉",何可久也?

[译]

《小象传》说:"沾湿了头,危险",怎么能够长久呢?

六四　未济

[解题]未济,尚未渡过河。此卦讲事情尚未成功的种种情况。

☲(坎下离上)未济

亨。小狐汔济,濡其尾,无攸利。

[译]

尚未过河,祭祀和神沟通。小狐狸即将渡过河去,打湿了尾巴,没有什么好处。

[注]

汔,接近。

《象》曰:"未济,亨",柔得中也[①]。"小狐汔济",未出中也。"濡其尾,无攸利",不续终也。虽不当位,刚柔应也[②]。

[译]

《彖传》说:"尚未过河,亨通",因为柔弱者占居了中位。"小狐狸即将渡过河去",尚未走出水中。"打湿了尾巴,没有什么好处",是说不能坚持到终点。虽然位置不当,但是阳刚与阴柔却能相互照应。

[注]

① 柔得中,指六五阴爻。

② 刚柔应,指初六与九四、九二与六五、六三与上九都是阴阳
　 对应。

《象》曰:火在水上,未济。君子以慎辨物居方。
[译]
　《大象传》说:火在水上,是未济卦的卦象。君子据此以谨
慎辨别事物,使它们各得其所。
[注]
　上卦离为火,下卦坎为水,所以是"火在水上"。居方,使之各
得其所。

　初六:濡其尾,吝。
[译]
　初六爻:打湿了尾巴,难受。

《象》曰:濡其尾,亦不知极也。
[译]
　《小象传》说:"打湿了尾巴",也不知道能否到达终点。
[注]
　极,终点。

　九二:曳其轮,贞,吉。
[译]
　九二爻:拽车轮子,占问,吉祥。

《象》曰:九二贞吉,中以行正也。

[译]

　　《小象传》说：九二爻占问吉祥，是因为居于中位又实行正道。

　　六三：未济，征凶。利涉大川。
[译]
　　六三爻：没有渡过河去，前进将有凶险。利于涉渡大河。

　　《象》曰：“未济，征凶”，位不当也。
[译]
　　《小象传》说：“没有渡过河去，前进将有凶险”，因为位置不当。

　　九四：贞吉，悔亡。震用伐鬼方，三年。有赏于大国。
[译]
　　九四爻：守正吉利，悔恨消失。用强大兵力讨伐鬼方，花了三年时间。大国得到了好处。

　　《象》曰：贞吉，悔亡，志行也。
[译]
　　《小象传》说：守正吉利，悔恨消失，是说志向得以实现。

　　六五：贞吉，无悔。君子之光，有孚。吉。
[译]
　　六五爻：守正吉利，没有懊悔。君子的光明，在于守信。吉祥。

《象》曰:"君子之光",其晖吉也。

[译]

　　《小象传》说:"君子的光明……",是说他的辉芒是吉祥的。

　　上九:有孚于饮酒,无咎。濡其首,有孚失是。

[译]

　　上九爻:饮酒时有诚信,不受责备。打湿了头,有诚信的过错就是如此。

　　《象》曰:饮酒濡首,亦不知节也。

[译]

　　《小象传》说:饮酒打湿了头,也太不知道节制了。

易　传

《系辞上》译注

〔第一章①〕天尊地卑，乾坤定矣②。卑高以陈，贵贱位矣。动静有常，刚柔断矣。方以类聚，物以群分，吉凶生矣。③在天成象，在地成形，变化见矣④。是故刚柔相摩，八卦相荡。鼓之以雷霆，润之以风雨；日月运行，一寒一暑。乾道成男⑤，坤道成女。乾知大始⑥，坤作成物。乾以易知⑦，坤以简能⑧。易则易知⑨，简则易从。易知则有亲，易从则有功。有亲则可久，有功则可大。可久则贤人之德，可大则贤人之业。易简而天下之理得矣。天下之理得而成位乎其中矣。

[译]

天高地卑，乾坤的关系就确定了。卑与高陈列在一起，贵贱的地位就明确了。动静的转化有一定常规，判断刚柔就有依据了。宇宙之间事物以类相聚，生物以群相分，吉凶就由此产生了。天上的日月星辰形成了一定的形象，地上的山河湖海形成了一定的形体，变化就由此显现出来了。所以，刚柔相互交错，八卦相互推动。以雷霆来鼓动，以风雨来润泽；日月运行，寒暑交替。乾道产生了男性，坤道产生了女性。乾主宰事物的肇始，坤经营事物的完成。乾因为单一所以主宰,坤因为简约所以显能。单一就容易知晓,简约就容易顺从。容易知晓就会有人亲和,容易顺从就会有所成功。有人亲和就可长久,有所成功就可壮大。可以长久是贤人的德行,可以壮大是贤人的事业。易,由于简约而得到了天下的道理。得到了天下的道理,成功就孕育在其中了。

[**注**]

① 本书《系辞》分章依通行《十三经注疏》本。

② 天尊地卑,乾坤定矣,是说乾坤的尊卑关系是摹拟天地的关系确定的。

③ 方以类聚,物以群分,吉凶生矣,是说有了类,有了群,也才有了地位的划分,也才有了吉凶之别。方,指上下四方,即环宇之内;吉凶,指所处位置的得失。

④ 在天成象,在地成形,变化见矣,是说有了形象也才有了不同的事物,也才说得上变化。

⑤ 乾道,乾的法则。

⑥ 知,主宰。

⑦ 易,便易、单一。

⑧ 简,简洁、简约。

⑨ 知,知晓。

〔第二章〕圣人设卦观象,系辞焉而明吉凶,刚柔相推而生变化。是故吉凶者,失得之象也;悔吝者,忧虞之象也;变化者,进退之象也;刚柔者,昼夜之象也。六爻之动,三极之道也①。是故君子所居而安者,易之序也;所乐而玩者,爻之辞也。是故君子居则观其象而玩其辞,动则观其变而玩其占。是以自天佑之,吉无不利。

[译]

　　圣人创制卦爻观察它们的象征,附上文字说明吉凶,使刚柔相推生出变化。因此,所谓吉凶,是得到和失去的象征;所谓悔吝,是忧虑的象征;所谓变化,是前进和后退的象征;所谓刚柔,是白天和黑夜的象征。六爻的变动,摹拟着天地人三方的变化状况。所以君子感到平静和安心的,是《易经》所体现的秩序;感到快乐而玩味的,是对爻的说明。所以君子平素观察卦象爻象,玩味对它们的说明;有事就观察卦爻的变化,并用它们进行占卜。所以上天保佑他们,吉祥又处处顺利。

[注]

　　① 三极,指天、地、人。

　　〔第三章〕象者,言乎象者也;爻者,言乎变者也。吉凶者,言乎其失得也。悔吝者,言乎其小疵也。无咎者,善补过也。是故列贵贱者存乎位①,齐小大者存乎卦②,辩吉凶者存乎辞,忧悔吝者存乎介③,震无咎者存乎悔④。是故卦有小大,辞有险易。辞也者,各指其所之。

[译]

　　象辞,是对卦象的说明;爻辞,是对变化的说明。吉凶,说的是得到和失去。悔吝,说的是有点小缺陷。之所以无咎,那是因为善于纠正过错。所以,排列贵贱级别的在于爻位,衡量小大的标准在于卦象,辨别吉凶的依据在于卦爻辞,担心将有悔吝就要重视小事,行动不出错误的前提在于悔过。所以,卦有小大的区别,辞有险易的不同。辞的功用,在于各自指明本卦本爻的导向。

[注]

① 列,排列。

② 齐,等齐,用标尺量度意。

③ 介,纤细。

④ 震,动。

〔第四章〕易与天地准,故能弥纶天地之道①。仰以观于天文,俯以察于地理,是故知幽明之故。原始反终,故知死生之说②。精气为物,游魂为变,是故知鬼神之情状。与天地相似,故不违;知周乎万物而道济天下,故不过。旁行而不流③,乐天知命,故不忧。安土敦乎仁,故能爱。范围天地之化而不过,曲成万物而不遗④,通乎昼夜之道而知,故"神"无方而易无体。

[译]

　　易以天地为范本,所以能够涵盖天地间的一切法则。抬头观察了天文,俯身考察了地理,所以知晓昼夜明暗人间鬼神的缘故。依据起始推测终了,所以知晓死生的道理。精气所成就的事物,乃是游魂的演变,由此知晓鬼神的情况。它与天地相似,所以不违背天地;它的智慧遍及万物,它的道理有益于整个天下,所以没有过分之举。全面遵行而不偏离,以天然为乐又知晓天命,所以无所忧愁。安于境遇,仁德敦厚,所以能有爱心。囊括天地的变化而不过分,千方百计成就万物而无所遗漏,通晓昼夜寒暑阴阳人鬼的道理而知晓一切,所以神没有处所而易没有本体。

[注]

① 弥纶,普遍笼罩。

② 说,道理。

③ 旁行,广泛遵行。旁,"广"意。

④ 曲成,经过反复曲折而得以成就。意为事物形态万千、表里异质,得以成就并非易事。

[第五章]一阴一阳之谓道①,继之者善也,成之者性也。仁者见之谓之仁,知者见之谓之知,百姓日用而不知,故君子之道鲜矣! 显诸仁,藏诸用,鼓万物而不与圣人同忧,盛德大业至矣哉! 富有之谓大业,日新之谓盛德。生生之谓易。成象之谓乾,效法之谓坤,极数知来之谓占,通变之谓事,阴阳不测之谓神。

[译]

一阴一阳就是道,继承它便是善,成就它就是性。仁者从中发现了仁,智者从中发现了智,百姓每天都在接触却不了解它,所以君子之道是很少见的了。显现于外的是仁德,潜藏于内的是功用,鼓动万物却不和圣人一起操劳担忧,隆盛的德行、伟大的事业可以说是达到极限了! 极端的丰富就是伟大的事业,每天更新就是隆盛的德行。使生命代代接续就是易。担负成象之职的是乾,具有效法功能的是坤,穷尽蓍草之数以预测未来就是占,贯通变化就是事,阴阳变化难以揣度就是神。

[注]

① 一阴一阳,阴阳更迭。如昼夜、寒暑交替。

[第六章]夫易,广矣大矣! 以言乎远则不御,以言乎迩则静而正①,以言乎天地之间则备矣。夫乾,其静也专②,其动也直,是以大生焉。夫坤,其静也翕,其动也辟,

是以广生焉。广大配天地,变通配四时,阴阳之义配日月,易简之善配至德。

[译]

　　这个易,广啊大啊!说它辽远就远得无法驾驭,说它亲近则宁静而端正,说到天地之间则它无处不在。这个乾,它静止下来抟成一团,它运动起来是刚健端直,所以能源源不断地产生。这个坤,它静止下来就收敛闭合,它运动起来就舒展开放,所以能大量地产生。"大量"和"不断"与天地相匹配,变通与四时相匹配,阴阳的意义与日月相匹配,易简的美好与至德相匹配。

[注]

　　① 迩,近。正,端正。

　　② 专,团音,圆意。

　　〔第七章〕子曰:"易其至矣乎!夫易,圣人所以崇德而广业也。知崇礼卑①。崇效天,卑法地。天地设位而易行乎其中矣!成性存存②,道义之门。"圣人有以见天下之赜③,而拟诸其形容,象其物宜,是故谓之象。圣人有以见天下之动,而观其会通④,以行其典礼⑤,系辞焉以断其吉凶,是故谓之爻。言天下之至赜而不可恶也⑥,言天下之至动而不可乱也。拟之而后言,议之而后动,拟议以成其变化。

[译]

　　孔子说:"易,那可是至高无上的呀!这个易,是圣人用来高扬道德而开拓事业的。智慧在于高明,礼节在于谦卑。高明效法的是上天,谦卑效法的是大地。天地确定了位置,易的变化便运行于其中了!对已成的本性保持再保持,便是步入道义的大门。"圣人看到天地万物的丰富纷纭,于是摹拟了它们的形态容貌,恰当地象征它们,所以称之为象。圣人看到了天下各种各样的变动,于是考察它们的交会贯通,为它们制订了各种行为规范,附上文字说明用以判断它们的吉凶,所以称之为爻。说明天下最最复杂的东西,那是不可厌烦的呀;说明天下最最复杂的运动,那是不能没有条理的呀。摹拟之后再开口,深思之后再行动,摹拟、深思以完成它们的变化。

[注]

① 知,智。

② 存存,收存再收存,即保持又保持。

③ 赜,幽深。朱熹认为是"杂乱",本书译文取朱熹义。

④ 会通,交汇贯通。

⑤ 典礼,典法礼仪,引申为规范之类。

⑥ 恶,厌烦。

〔第八章〕"鸣鹤在阴,其子和之;我有好爵,吾与尔靡之。"子曰:"君子居其室,出其言善,则千里之外应之,况其迩者乎? 居其室,出其言不善,则千里之外违之,况其迩者乎? 言出乎身,加乎民;行发乎迩,见乎远。言行,君子之枢机;枢机之发,荣辱之主也。言行,君子之所以动天地也,可不慎乎?"

[译]

"鸣叫的仙鹤在树荫之下,小鹤与它声声应答;我有许多美好的爵位,都给了你们吧。"孔子说:"君子在自己的家里,说出的话有益,千里之外也会响应,何况近处的人呢? 在自己的家里,说出的话有害,千里之外都不会听从,况且近处的人呢? 话是自己说出的，要让民众接受；行为发生于近处，影响及于远方。言行，这是君子的关键；关键一旦发动，是荣是辱也就定了下来。言行，这是君子用来感天动地的东西，难道可以不慎重吗？"

〔第九章〕"同人，先号咷而后笑。"子曰："君子之道，或出或处，或默或语。二人同心，其利断金。同心之言，其臭如兰。"

"初六，藉用白茅，无咎。"子曰："苟错诸地而可矣①，藉之用茅②，何咎之有？慎之至也。夫茅之为物薄，而用可重也，慎斯术也以往，其无所失矣！"

"劳谦，君子有终，吉。"子曰："劳而不伐③，有功而不德，厚之至也。语以其功下人者也。德言盛，礼言恭；谦也者，致恭以存其位者也。"

"亢龙有悔。"子曰："贵而无位，高而无民，贤人在下位而无辅，是以动而有悔也。"

"不出户庭，无咎。"子曰："乱之所生也，则言语以为阶。君不密则失臣，臣不密则失身，几事不密则害成④。是以君子慎密而不出也。"

子曰："作《易》者其知盗乎⑤！《易》曰：'负且乘，致寇至。'负也者，小人之事也；乘也者，君子之器也。小人而乘君子之器，盗思夺之矣；上慢下暴，盗思伐之矣。慢藏诲盗，冶容诲淫。《易》曰：'负且乘，致寇至。'盗之招也。"

大衍之数五十⑥，其用四十有九。分而为二以象两，挂一以象三，揲之以四以象四时⑦，归奇于扐以象闰⑧；五岁再闰，故再扐而后挂。

天数五^⑨,地数五^⑩,五位相得而各有合。天数二十有五,地数三十,凡天地之数五十有五,此所以成变化而行鬼神也。

[译]

　　"和大家步调一致,先嚎啕大哭,然后哈哈大笑。"孔子说:"君子遵行的法则,或是行走或是站立,或是沉默或是谈论。两人同心,力量可以折断金属。知心的交谈,气氛犹如兰草一般幽香。"

　　"初六爻,用白茅垫祭品,不受责备。"孔子说:"哪怕放在地上也是可以的,用茅草垫上它,哪里会有过错呢? 谨慎得很呀。茅草作为一种物品是很微薄的,却可用于重大之事,行事保持这种慎重的态度,那就不会有什么闪失了!"

　　"有功劳而谦虚,君子有好结局,吉利。"孔子说:"有了功劳而不炫耀,有了成就而不居德,厚道到了极点了。这是说有了功劳还能居人之下。德讲究硕大,礼讲究恭敬;所谓谦,是以恭敬来保持自己地位的做法啊。"

　　"亢进的龙将有悔恨。"孔子说:"尊贵而脱离了自己的位置,居高而没有民众的支持,贤人处在下位无所辅佐,所以妄自行动会有悔恨。"

　　"不出屋门,没有灾难。"孔子说:"动乱之所以产生,总是以言语作为阶梯的。君王行为不缜密就会危及臣子,大臣行为不缜密就会危及自身,机密之事不缜密就会危害成功。所以君子缜密而不开口呀。"

　　孔子说:"作《易经》的人,大概懂得盗贼的心思吧!《易经》说:'车又拉来肩又扛,招引盗贼来抢。'背东西,这是奴仆做的事呀;乘坐的车,这是有钱人的器物呀。作为奴仆去乘坐有钱人的器物,盗贼才想到要抢劫他;在上位的懈怠在下位的暴戾,盗贼才想到要攻伐他。懒于收藏招引盗贼,打扮妖艳招引奸淫。《易经》说:'车又拉来肩又扛,招引盗贼来抢。'这是讲盗贼之所以被招来的原因啊。"

推演天地变化的蓍草是五十根,使用的只有其中的四十九根。将四十九根蓍草分为两束,用以象征天地;拿出一根挂于两束之间,以象征作为三才之一的人;以四根为一组分数一束蓍草,以象征四时;将余下的蓍草归于手指之间,以象征闰月;五年中有两次闰月,所以将另一束的余数也归于手指之间以后再挂起来。

天的数字有五个,地的数字有五个,五个数字相合而各有总和。天数的总和是二十五,地数的总和是三十,全部天地之数的总和是五十五,这些数字也就是用以成就变化、追踪鬼神的依据。

[注]

① 苟,哪怕。错,放置。

② 藉,衬垫。

③ 伐,炫耀。

④ 几,机密。

⑤ 其,同殆,大概意。

⑥ 大衍,大的推演,指推演天地变化。

⑦ 揲,抽取。

⑧ 归奇于扐,将余数归于手指之间。奇,余数;扐,手指之间。

⑨ 天数五,即一、三、五、七、九。

⑩ 地数五,即二、四、六、八、十。

〔第十章〕乾之策,二百一十有六;坤之策,百四十有四。凡三百有六十,当期之日。二篇之策,万有一千五百二十,当万物之数也。是故四营而成易,十有八变而成卦,八卦而小成。引而伸之,触类而长之,天下之能事毕矣。显道神德行,是故可与酬酢,可与佑神矣。子曰:"知变化之道者,其知神之所为乎!"

易有圣人之道四焉:以言者尚其辞,以动者尚其变,以制器者尚其象,以卜筮者尚其占。是以君子将有为也,将有行也,问焉而以言,其受命也如响。无有远近幽深,遂知来物。非天下之至精,其孰能与于此! 参伍以变,错综其数:通其变,遂成天地之文;极其数,遂定天下之象。非天下之至变,其孰能与于此! 易,无思也,无为也,寂然不动,感而遂通天下之故。非天下之至神,其孰能与于此! 夫易,圣人之所以极深而研几也。唯深也,故能通天下之志;唯几也,故能成天下之务;唯神也,故不疾而速,不行而至。子曰"易有圣人之道四焉"者,此之谓也。

[译]

乾卦的蓍草数是二百一十六,坤卦的蓍草数是一百四十四。一共是三百六十,与一个年度的天数相当。《易经》上下两篇的蓍草数为一万一千五百二十,与万物的数目相当。所以四次经营而完成易,经过一十八变而完成卦,画成八卦便达到了小成。由此引申,碰到同类便扩展,天下可以做的事就全都囊括其中了。彰显道理完善德行,所以可以应酬世事,可以协助神祇。孔子说:"知晓变化法则的,大概也就知道神祇的作为了吧!"

易包含着圣人四个方面的行为:需要讲话,注重它的辞句;

需要行动,注重它的变化;需要制造器物,注重它的卦象;需要算命的时候,就注重它的占筮。所以君子将要有所作为,将要有所行动的时候,就开口向它询问,它收到您的请求以后就像山谷应声一样立刻回答。不论遥远还是附近,也不论是多么昏暗高深,它都能知道您要问的东西。不是天下最为精灵的东西,谁能做到这些呢!参杂匹配推演变化,交错综合蓍草之数:通达了这样的变化,便成就了天地那丰富多样的文采;穷尽了这样的数据,便确定了天下错综复杂的现象。不是天下最为复杂的变化,谁能做到这些呢!易,没有思考,没有作为,静静地在那里而没有行动,有所感应便通达天下全部的因由。不是天下最为神妙的东西,谁能做到这些呢!这个易,是圣人用以穷尽深奥、研究微妙的凭借呀。因为幽深,所以能开通天下的心思;因为微妙,所以能成就天下的事业;因为神奇,所以不显快捷却很迅速,未曾行走就能到达。孔子说"易包含着圣人四个方面的行为",说的就是这些呀。

〔第十一章〕天一,地二,天三,地四,天五,地六,天七,地八,天九,地十。子曰:"夫易何为者也? 夫易,开物成务,冒天下之道①,如斯而已者也。"是故圣人以通天下之志,以定天下之业,以断天下之疑。是故蓍之德圆而神,卦之德方以知,六爻之义易以贡②。圣人以此洗心,退藏于密,吉凶与民同患。神以知来,知以藏往,其孰能与于此哉? 古之聪明睿知、神武而不杀者夫。是以明于天之道,而察于民之故,是兴神物以前民用。圣人以此斋戒,以神明其德夫。是故阖户谓之坤,辟户谓之乾;一阖一辟谓之变,往来不穷谓之通。见乃谓之象,形乃谓之器,制而用之谓之法。利用出入、民咸用之谓之神。

是故易有太极,是生两仪,两仪生四象,四象生八卦,八卦定吉凶,吉凶生大业。是故法象莫大乎天地,变通莫大乎四时,悬象著明莫大乎日月,崇高莫大乎富贵。备物致用,立成器以为天下利③,莫大乎圣人。探赜索隐,钩深致远,以定天下之吉凶,成天下之亹亹者④,莫大乎蓍龟。

是故天生神物⑤,圣人则之;天地变化,圣人效之;天垂象,见吉凶,圣人象之;河出图,洛出书,圣人则之。易有四象,所以示也;系辞焉,所以告也;定之以吉凶,所以断也。

[译]

天一,地二,天三,地四,天五,地六,天七,地八,天九,地十。孔子说:"这个易,是做什么用的呢? 这个易,打开事物让人成就事业,囊括了天下所有的行为法则,也就是如此而已。"所以,圣人用它来开通天下的心思,用它来确定天下的事业,用它来解除天下的疑惑。所以蓍草的禀性圆通而神奇,卦象的禀性方正而智慧,六爻的意义在于变化和告知。圣人用它来消除心中疑虑,然后把主张藏于心底,与人民共担吉凶忧患。神的作用是预知未来,知的作用是通晓以往。谁能做到这样呢? 是古代那聪明睿智、英勇神武却不崇尚暴力的人吗。由于明晓天的行为法则,洞察人间各种事由,于是起用神草以引导众人行事。圣人以此斋戒,使自己的德性神明。所以,关闭门户叫做坤,打开门户叫做乾;一合一开叫做变,往来不断叫做通。显现的东西叫做象,有形的东西叫做器,依照它制器而用叫做法。利用它、依赖它、众人都这样使用它,就叫做神。

所以,易有个"太极",是它产生了"两仪"。两仪产生了"四象",四象产生了"八卦"。八种卦象用来判定吉凶,判定了吉凶便可成就伟大的事业。所以,效法的典范,没有比天地更伟大的了;变化之通达,没有比四时更伟大的了;悬在天上、闪着光明,没有比日月更伟大的了;地位之崇高,没有比富贵更伟大的了;备好物品供人使用,创立卦象制成器具便利天下,没有比圣人更伟大的了。研究复杂,探索隐秘,钻研深奥,推究远事,以判定天下的吉凶,成就天下奋斗的事业的,没有比蓍龟更伟大的了。

　　所以,天生下神物,圣人就依据它;天地变化,圣人就仿效它;上天垂下各种天象,以昭示吉凶祸福,圣人就把它们制成卦象;黄河里出来了《河图》,洛水里出来了《洛书》,圣人就依据它。易的"四象",是用来昭示于人的;所附的言辞呀,是用来告知于人的;确定为吉凶,是用来让人决断的。

[注]

① 冒,覆盖,引申为囊括。

② 贡,告知。

③ 立成器,四库本认为,应为"立象成器"。

④ 亹亹,勤勉貌。

⑤ 神物,指蓍草。

　　〔第十二章〕《易》曰:"自天佑之,吉无不利。"子曰:"'佑'者,助也。天之所助者顺也,人之所助者信也。履信思乎顺,又以尚贤也,是以'自天佑之,吉无不利'也。"

　　子曰:"书不尽言,言不尽意。"然则圣人之意,其不可见乎? 子曰:"圣人立象以尽意,设卦以尽情伪①,系辞焉以尽其言,变而通之以尽利,鼓之舞之以尽神。"

　　乾坤,其易之缊邪! 乾坤成列,而易立乎其中矣。乾坤毁,则无以见易。易不可见,则乾坤或几乎息矣。是故形而上者谓之道,形而下者谓之器,化而裁之谓之变,推而行之谓之通,举而错之天下之民谓之事业。是故夫象,圣人有以见天下之赜,而拟诸其形容,象其物宜,是故谓之象。圣人有以见天下之动,而观其会通,以行其典礼②,系辞焉以断其吉凶,是故谓之爻。极天下之赜者存乎卦,鼓天下之动者存乎辞,化而裁之存乎变,推而行之存乎通,神而明之存乎其人,默而成之,不言而信,存乎德行。

[译]

《易经》说:"来自上天的护佑,吉祥而无不利。"孔子说:"'佑',就是帮助呀。天所帮助的是顺随的人,人所帮助的是诚信的人。遵从诚信、向望顺随,再加上崇尚贤德,所以说'来自上天的护佑,吉祥而无不利'呀。"

孔子说:"书契无法完全记载圣人的言语,言语无法完全表达圣人的思想。"那么,圣人的思想,我们就没有办法知道了吗?孔子说:"圣人创立象征用以完全表达思想,设立卦爻用以完全揭示真伪,附上文字说尽自己要说的话,推演它、疏通它,使它完全达到便利,催动它、驱使它,使它尽情发挥神奇。"

乾坤两卦,大概是易的精妙之所在吧!乾坤排列组合,易便确立于其中了。乾坤毁灭,就没有可能显现易。易不可显现,那么乾坤也就接近止息了。所以说,形而上者叫做道,形而下者叫做器,演化而有裁断称为变,推动而能运行称为通,拿它实施于天下民众之中称为事业。所以,这个象,是圣人看到天地万物的丰富纷纭,于是摹拟了它们的形态容貌,恰当地象征它们,所以称之为象。圣人看到了天下各种各样的变动,于是考察它们的交会贯通,为它们制订了各种行为规范,附上文字说明用以判断它们的吉凶,所以称之为爻。穷尽天下纷纭复杂的在于卦,鼓舞天下行动的在于辞,演化中的裁断在于变,推动而能运行在于通,神妙而能明晓在于有智慧的人,默默而能成就,不说话就能使人信任,在于德行。

[注]

① 情伪,真情和造作,即真伪。

② 典礼,即常规、规矩。

《系辞下》译注

〔第一章〕八卦成列,象在其中矣;因而重之,爻在其中矣;刚柔相推,变在其中矣;系辞焉而命之,动在其中矣。吉凶悔吝者,生乎动者也;刚柔者,立本者也。变通者,趋时者也;吉凶者,贞胜者也。天地之道,贞观者也;日月之道,贞明者也;天下之动,贞夫一者也。夫乾,确然示人易矣;夫坤,隤然示人简矣①。爻也者,效此者也;象也者,像此者也。爻象动乎内,吉凶见乎外②;功业见乎变,圣人之情见乎辞。天地之大德曰生,圣人之大宝曰位。何以守位?曰仁。何以聚人?曰财。理财正辞,禁民为非曰义。

[译]

八卦生成而排列起来,万物的象征就在其中了;由八卦重为六十四卦,六爻的位置就在其中了;刚柔二爻相互推移,变化就在其中了;写上文字而指明吉凶,人的行动也就在其中了。吉凶悔吝,指导着人们的行动;阳刚阴柔,确立着卦爻的根本。变化会通,是要趋向合宜的时机;吉凶悔吝,在于教人以正道取得胜利。天地的法则,是要显示正确的方式;日月的轨迹,是要显示真正的光明;天下的变动,正确的行为只有一种。这个乾,坚定地给人显示着平易；这个坤，柔和地给人显示着简约。这个爻，是效法此种道理的；这个象，是模仿此种情态的。爻和象变动于卦内，吉和凶表现于卦外；功绩事业体现在变通上，圣人的指示体现在卦爻辞中。天地最根本的品质是化生万物，圣人最宝贵的东西是统治地位。用什么来守护地位？用仁德。用什么来聚集人才？用财富。治理财富，端正言辞，禁止民众为非作歹，就叫做义。

[注]

① 乾指天，坤指地。确然，刚健的样子。隤然，柔顺的样子。

② 内指卦内，即卦爻之象；外指卦外，即人的行动。

〔第二章〕古者包牺氏之王天下也，仰则观象于天，俯则观法于地，观鸟兽之文，与地之宜，近取诸身，远取诸物，于是始作八卦，以通神明之德，以类万物之情。作结绳而为罔罟①，以佃以渔，盖取诸离。包牺氏没，神农氏作，斫木为耜，揉木为耒，耒耨之利②，以教天下，盖取诸益。日中为市，致天下之民，聚天下之货，交易而退，各得其所，盖取诸噬嗑。神农氏没，黄帝、尧、舜氏作，通其变，使民不倦，神而化之，使民宜之。

易穷则变，变则通，通则久。是以"自天佑之，吉无不利"。黄帝、尧、舜垂衣裳而天下治，盖取诸乾坤。刳木为舟，剡木为楫③，舟楫之利，以济不通，致远以利天下，盖取诸涣。服牛乘马，引重致远，以利天下，盖取诸随。重门击柝④，以待暴客，盖取诸豫。断木为杵，掘地为臼，臼杵之利，万民以济，盖取诸小过。弦木为弧⑤，剡木为矢，弧矢之利,以威天下,盖取诸睽。上古穴居而野处,后世圣人易之以宫室,上栋下宇,以待风雨,盖取诸大壮。古之葬者,厚衣之以薪,葬之中野,不封不树⑥,丧期无数,后世圣人易之以棺椁,盖取诸大过。上古结绳而治,后世圣人易之以书契,百官以治,万民以察,盖取诸夬。

[译]

　　古时候伏羲氏治理天下,他抬头观察天文气象,俯身观察地理形状,观察飞禽走兽的纹理,以及适宜在地上生长的草木,近的取法人的身体,远的取象各种物形,于是开始创作八卦,用来和神祇的智慧沟通,用来摹拟万物的情形。他发明了编结绳子织成罗网,用来打猎捕鱼,其根据是离卦。伏羲氏去世之后,神农氏兴起。他砍削树木制成耜,揉弯木干制成耒,用耒耜的便利,教导天下,其根据是益卦。他又在日中建立集市,招致天下的百姓,聚集天下的货物,进行交易之后退去,各自得其所需,其根据是噬嗑卦。神农氏去世之后,黄帝、尧、舜又先后兴起。贯通这不断的变化,使民众不致疲倦;神奇地教化民众,使他们生活适宜。

　　易,到尽头就要变化,变了就会通畅,通畅就能长久。所以"有上天保佑,吉祥,没有什么不利"。黄帝、尧、舜创制衣裳使有等级尊卑从而天下大治,其根据是乾、坤。挖空树木制成舟船,削尖木材制成桨楫,舟船桨楫的好处,是可以渡过江河,直达远方,便利天下,其根据是涣卦。驯服了牛马驾车骑乘,拖运重物,直达远方,便利天下,其根据是随卦。设置多重门户,夜间敲梆警戒,以防备暴徒强盗,其根据是豫卦。斩断木头做成杵,挖掘地面制成臼,杵臼的好处,让万民获益,其根据是小过卦。加弦于弯木制成弓,削尖树枝做成箭,弓箭的好处,是可以威慑天下,其根据是睽卦。远古的人居住在洞穴和野外,后代的圣人代之以房屋,上有栋梁下有檐宇,用来躲避风雨,其根据是大壮卦。古代人丧葬,只用厚厚地盖上柴草,掩埋在旷野,不封坟头也不植树木,服丧日期也没有定数。后代圣人代之以棺椁,其根据是大过卦。远古的人用绳结计数处理事务,后代圣人代之以文书和契约,百官用来处理政务,万民用来察考事情,其根据是夬卦。

[注]

① 网,古代的网字。罟,也是网。网罟,也就是罗网。

② 斸,砍削。耒耜,古代翻土工具。上部曲柄为耒,下部插入土中者为耜。耨,古代锄草的工具。

③ 刳,劈开,也指挖空。剡,削尖。

④ 柝,古代巡夜用的木梆子。

⑤ 弦,用作动词,弦木即弯木而上弦。弧即木弓。

⑥ 封,聚土为坟头。树,指植树。

〔第三章〕是故易者,象也;象也者,像也。彖者,材也①;爻也者,效天下之动者也。是故吉凶生而悔吝著也。

阳卦多阴,阴卦多阳。其故何也? 阳卦奇,阴卦耦②。其德行何也? 阳一君而二民,君子之道也;阴二君而一民,小人之道也。

《易》曰:"憧憧往来,朋从尔思。"子曰:"天下何思何虑? 天下同归而殊途,一致而百虑,天下何思何虑? 日往则月来,月往则日来,日月相推而明生焉;寒往则暑来,暑往则寒来,寒暑相推而岁成焉。往者屈也,来者信也,屈信相感而利生焉。尺蠖之屈,以求信也③;龙蛇之蛰,以存身也。精义入神,以致用也;利用安身,以崇德也。过此以往,未之或知也;穷神知化,德之盛也。"

[译]

　　所以易啊,就是象征;象征吗,就是相像。象吗,就是裁断;
爻吗,是仿效天下之变动的呀。由此也就产生了吉和凶,彰明了
悔和吝。

　　阳卦中阴爻多,阴卦中阳爻多,这是什么缘故呢? 因为阳卦
以奇为主,阴卦以偶为主,它们的品德怎么样呢? 阳卦一个君主
两个百姓,是君子之道;阴卦两个君主一个百姓,是小人之道。

　　《易经》说:"来来往往不间断,同伴随了你的愿。"孔子解释
说:"天下的人们都如何思索,如何考虑? 天下的事情,归宿完全
相同,途径却悬殊差异;目标非常一致,意见则百思百虑,天下人
都如何思索,如何考虑? 正如日往则月来,月往则日来,日月交
互推移从而生出光明;寒往则暑来,暑往则寒来,寒暑交互推移
从而形成年岁。往,就是屈;来,就是伸。一屈一伸相互感召,从
而产生利益。尺蠖弯曲它的腰,是为了向前伸展;龙蛇冬天蛰
伏,是为了保存生命。人类精细地研求义理,进入神妙的境地,
是为了能够运用;便利应用,身命安稳,是为了提高道德境界。
除此之外,就是未知的领域。穷尽事物神妙变化的道理,就是最
高的德行。"

[注]

　①　象,指卦辞。材,与"裁"字相通,即裁度判断的意思。

　②　奇,指阳卦中阳爻为奇数,如震、坎、艮三卦为阳卦,都是一
　　　个阳爻。耦,即奇偶之偶,指阴卦中阳爻为偶数,如巽、离、
　　　兑三卦为阴卦,都是两个阳爻。一说,奇偶,指卦爻的画
　　　数,如震卦一阳二阴为五画为奇,巽卦一阴二阳为四画
　　　为偶。

③ 尺蠖,状如蚕而细小,爬行时屈其腰,使首尾相就,方能前
　进,屈中有伸,所以称为屈伸虫。

〔第四章〕《易》曰:"困于石,据于蒺藜,入于其宫,不
见其妻,凶。"子曰:"非所困而困焉,名必辱;非所据而据
焉,身必危。既辱且危,死期将至,妻其可得见邪?"

《易》曰:"公用射隼于高墉之上①,获之,无不利。"子
曰:"隼者,禽也;弓矢者,器也;射之者,人也。君子藏器于
身,待时而动,何不利之有? 动而不括,是以出而有获,语
成器而动者也。"

子曰:"小人不耻不仁,不畏不义,不见利不劝,不威不
惩。小惩而大诫,此小人之福也。《易》曰:'屦校灭趾,无
咎。'此之谓也。"

"善不积不足以成名,恶不积不足以灭身。小人以小
善为无益而弗为也,以小恶为无伤而弗去也,故恶积而不
可掩,罪大而不可解。《易》曰:'何校灭耳,凶。'"

子曰:"危者,安其位者也;亡者,保其存者也;乱者,有
其治者也。是故君子安而不忘危,存而不忘亡,治而不忘
乱。是以身安而国家可保也。《易》曰:'其亡其亡,系于
苞桑。'"

子曰:"德薄而位尊,知小而谋大,力小而任重,鲜不及
矣!《易》曰:'鼎折足,覆公𫗧,其形渥,凶。'言不胜其
任也。"

子曰:"知几其神乎? 君子上交不谄,下交不渎②,其
知几乎! 几者,动之微,吉之先见者也③。君子见几而作,

不俟终日。《易》曰：‘介于石，不终日，贞吉。’介如石焉，宁用终日？断可识矣！君子知微知彰，知柔知刚，万夫之望。”

子曰：“颜氏之子，其殆庶几乎！有不善，未尝不知；知之，未尝复行也。《易》曰：‘不远复，无祗悔，元吉。’”

“天地絪缊，万物化醇④。男女构精，万物化生。《易》曰：‘三人行，则损一人；一人行，则得其友。’言致一也。”

子曰：“君子安其身而后动，易其心而后语，定其交而后求：君子修此三者，故全也。危以动，则民不与也⑤；惧以语，则民不应也；无交而求，则民不与也；莫之与，则伤之者至矣。《易》曰：‘莫益之，或击之，立心勿恒，凶。’”

[译]

《易经》说：“被满地乱石绊倒，手上扎了蒺藜，进到他的屋，不见他的妻，凶。”孔子说：“不应当受困的地方而被困，其名誉必然受到侮辱；不适宜依靠的东西而去依靠，其生命必然遭遇危险。既受侮辱，又遇危险，死亡的日期即将来临，怎么可能见到他的妻？”

《易经》说：“公爵射那落在高墙上的隼，射中了，没有什么不利的。”孔子解释说：“隼，是一种禽鸟；弓矢，是一种器械；发矢射隼的，是人。君子身上预藏器具，等待时机，付诸行动，哪会有什么不利呢？一旦行动，毫无阻碍，所以外出一定有收获。这是讲先备好现成的器械然后再行动的道理。”

孔子说：“小人不以不仁为可耻，不以不义为可畏，不见到好处就不愿勤奋，不受到威胁就不知警惕。受到小的惩罚而获得大的警诫，这是小人的幸运。《易经》说：‘带上脚枷，砍掉脚趾，不会再出问题了。’讲的就是这个道理。”

"不积累善行不足以成名，不积累恶行不足以灭身。小人把小善看成没有益处的事而不去做，把小恶看成无伤大体的事而不改正，所以恶行积累得无法掩盖，罪过扩大到不可挽救。所以《易经》说：'肩上带枷，割去耳朵，凶。'"

孔子说："凡是倾危的，在于安于现状；凡是灭亡的，在于保持已经具有的；凡是祸乱的，在于自以为治理。因此，君子安而不忘危，存而不忘亡，治而不忘乱，所以能够身命安稳、国家可保。《易经》说：'会灭亡吗，会灭亡吗，好像拴在桑树根上一样稳当。'"

孔子说："才德浅薄而地位尊高，智慧狭小而图谋宏大，力量微弱而肩负重任，很少有不招来灾祸的。《周易》说：'鼎脚折断，弄洒了王公的美食，湿漉漉粘乎乎的一片，凶。'就是讲不胜任的情况。"

孔子说："能够知晓变化的苗头，算是达到神妙境界了吧？君子与在上的人交往不谄媚，与在下的人交往不轻慢，可以说是知晓变化的苗头吧。几，就是事物变动的微小征兆，吉凶预先出现的端倪。君子发现变化的苗头就立即行动，决不等待一天完了。《易经》说：'像岩石一样坚定不移，不到一天完了，守贞则吉利。'既然像岩石一样坚定不移，何必要用一天？这是断然可知的。君子既知微又知彰，既知柔又知刚，必然得到万民的仰望。"

孔子说："颜家的这个孩子（按，颜回），他的道德大概接近完美了吧！一有过失，没有不自知的；一知过失，没有再重犯的。这就是《易经》所说：'不远就复归，不会导致悔恨，最吉利。'"

"天地之气交融渗透，万物化育而醇厚。男女阴阳交合精气，万物化育而创生。《易经》说：'三人同行，会有一人离开；一人独行,会得到朋友。'就是讲归于一的道理。"

　　孔子说:"君子先安定自己的处境,然后才试图行动;先平心静气,然后才有所谈论;先确定交情,然后才求助于人:君子做到了这三条,就可以得到保全。相反,如果冒险行动,别人就不会赞助;如果内心惶恐而发表议论,别人就不会响应;如果没有友谊就向人求助,人家也不会帮助;不仅无人助益,还会受到他人的伤害。所以《易经》说:'没人增益他,有人抨击他。心中没有操守,凶。'"

[注]

　　① 隼,鹰。墉,城墙。

　　② 诎,诎媚。渎,轻慢,不敬。

　　③ 据高亨校,吉字下当有"凶"字。

　　④ 绸缊,交密之状,指阴阳二气交融渗透的状态。醇,厚,指气化的过程,凝聚而成物。

　　⑤ 与,助。下一个"与"字,有人解为"给予",以区别两个"民不与也",也通。但"不给予"也是不帮助的意思,所以此处不细加区分。

　　〔第五章〕子曰:"乾、坤,其易之门邪? 乾,阳物也;坤,阴物也。阴阳合德而刚柔有体,以体天地之撰,以通神明之德。其称名也,杂而不越。于稽其类,其衰世之意邪? 夫易,彰往而察来,而微显阐幽①。开而当名,辨物,正言,断辞,则备矣。其称名也小,其取类也大;其旨远,其辞文;其言曲而中,其事肆而隐②。因贰以济民行③,以明失得之报④。"

[译]

　　孔子说:"乾坤两卦,就是易的门户吧? 乾,是阳类事物;坤,是阴类事物。阴阳的品质互相结合,刚柔又各有自己的实体,用来体现天地产生万物的过程,用来和神明的德行沟通。易所称道的名物,尽管繁杂却不越出乾坤刚柔的变化。考察卦爻辞所表述的事类,或许反映出衰世的意味吧？这个易,彰明过去并且察考未来,显示细微的苗头而阐明幽隐的道理。开释卦爻名当其实,辨别物类,端正言辞,决断吉凶,就都具备了。它所称道的名称虽小,所类比的事情却很广大;它的意义十分深远,它的文辞非常优美;其言语婉转而贴切,其论事广泛而深刻。它借助人们的疑惑指导百姓的行动,说明得失的缘故和后果。"

[注]

① 而微显阐幽,据高亨《周易大传今注》考证,当作"显微而阐幽"。

② 肆,直白,放肆,可解释为广泛、明显。

③ 贰,疑惑。济,相助,此谓卦爻辞对人们的指导作用。

④ 报,酬答。此引申为酬答的缘由。

〔第六章〕易之兴也,其于中古乎？作易者,其有忧患乎？是故履,德之基也;谦,德之柄也;复,德之本也;恒,德之固也;损,德之修也;益,德之裕也;困,德之辨也;井,德之地也;巽,德之制也。履,和而至;谦,尊而光;复,小而辨于物;恒,杂而不厌;损,先难而后易;益,长裕而不设;困,穷而通;井,居其所而迁;巽,称而隐。履以和行;谦以制礼;复以自知;恒以一德;损以远害;益以兴利;困以寡怨;井以辨义;巽以行权。

[译]

易的兴起,大概在中古时代吧？创作易的人,大概心怀忧患吧？因此,履,是道德的基础;谦,是道德的要领;复,是道德的根本;恒,是道德的巩固;损,是道德的补救;益,是道德的扩充;困,是道德的辨别;井,是道德的根据;巽,是道德的制约。履,使人和顺而达到崇高;谦,使人被尊敬而光荣;复,使人在微小之处能辨别事物;恒,教人在邪正相杂中修德不倦;损,教人先难而后易;益,教人不断增进道德而不造作;困,教人身处困境而达到通顺;井,教人安居其位而施德于人;巽,教人处事得宜而不显露形迹。履用来调和人的行为;谦用来制订礼仪;复用来自知过失;恒用来专守一德;损用来远离祸害;益用来创造福利;困用来减少尤怨;井用来明辨道义;巽用来随时应变。

〔第七章〕《易》之为书也不可远,为道也屡迁①。变动不居,周流六虚②,上下无常,刚柔相易,不可为典要,唯变所适。其出入以度外内③,使知惧,又明于忧患与故。无有师保④,如临父母。初率其辞⑤,而揆其方⑥,既有典常。苟非其人,道不虚行。

《易》之为书也,原始要终以为质也。六爻相杂,唯其时物也。其初难知,其上易知:本末也。初辞拟之,卒成之终。若夫杂物撰德,辨是与非,则非其中爻不备。噫!亦要存亡吉凶,则居可知矣。知者观其彖辞,则思过半矣。
[译]

《易经》这部书,不可远离事物来读它,它给您指出的道要不断变动。变动而不固定,循环流转于六个爻位之间,上下往来没有固定的常规,阳刚阴柔相互变易,不可确立一个常定不变的纲要,只能顺应变化的趋势。它出入往来,以度量外卦和内卦的吉凶祸福,使人知道有所警惕,又能明白忧患与忧患的原因。虽然没有师傅的教导和监护,也好像面临父母的教诲一样。首先要寻求卦爻辞的意义,然后揆度它所指示的方法,就可以把握事物变化的常规。假如没有适合的人,《易经》之道也无法凭空推行。

《易经》这部书,把考察开始、探求终结作为自己的本质。六个爻位相互错杂,只是体现特定时态中的物象。初爻的象征难以知晓,上爻的象征容易把握:这是因为前者为本始,后者为末尾的缘故。初爻的爻辞比拟事物的开端,上爻的爻辞确定事物的结局。至于错杂各种物象,具列事物的品质,分辨它们的是非,假如没有中间四爻就不能完备。是啊! 这样要求得存亡吉凶,也就明白可知了。聪明睿智的人只要一看卦辞,对全卦的意思就领悟一大半了。

[注]

① 道,此处指给人指示的行为法则。

② 六虚,指某卦的六爻之位。

③ 外,指外卦,即一卦的上卦;内,指内卦,即一卦的下卦。一说本卦为内,变卦为外,也通。

④ 师保,古代负责教导贵族子弟的师傅或监护人。

⑤ 率,顺着。

⑥ 揆,推测揣度。

〔第八章〕二与四同功而异位,其善不同:二多誉,四多惧,近也。柔之为道,不利远者;其要无咎,其用柔中也。三与五同功而异位:三多凶,五多功,贵贱之等也。其柔危,其刚胜邪?

《易》之为书也,广大悉备:有天道焉,有人道焉,有地道焉。兼三才而两之,故六。六者,非它也,三才之道也。道有变动,故曰爻①;爻有等,故曰物②;物相杂,故曰文;文不当,故吉凶生焉。

《易》之兴也,其当殷之末世,周之盛德邪? 当文王与纣之事邪? 是故其辞危。危者使平,易者使倾;其道甚大,百物不废。惧以终始,其要无咎③,此之谓《易》之道也。

[译]

　　二爻和四爻功能相同而位置有异,它们所表现的吉凶利害也不相同:二爻爻辞多有赞誉,四爻爻辞多含警惕,因为它靠近君位。阴柔的道理,不利于在远处的;然而二爻大多数无咎,是由于它柔顺而守中。三爻和五爻功能相同而位置有异:三爻爻辞多凶险,五爻爻辞多功勋,是因为它们贵贱等级不同。阴柔居此便有危险,阳刚居此就能胜任吧?

　　《易经》这部书,内容广大,无所不包:有天道,有人道,有地道。兼有天地人“三才”而各以两爻代表,所以一卦有六爻。六爻,不是别的,就是天地人三才之道。道有变动,所以称为爻;爻有贵贱差等,所以称为物;物象交互错杂,所以叫做文;文有恰当有不恰当,所以吉凶就产生了。

　　《易经》的兴起,大概是在殷朝末年,周国德业隆盛的时期吧? 大概是在文王受到纣王迫害的时候吧? 所以卦爻辞多有忧危之义。警惕自危可以使人平安,掉以轻心可能导致倾覆败亡;这个道理十分弘大,任何事物都不例外。始终保持警惧,其要旨在善于补过,这就是《易经》给人们指出的处事之道啊。

[注]

　　① 爻的特点在于上下往来,刚柔变易,以此效法天地之道的变动,所以圣人设卦之时,称此为爻。

② 六爻在一卦之中区分阴阳贵贱之位,也即划分为不同的类别,像事物区分为不同的种类一样,所以卦中六爻也可以视作物。

③ 据《系辞上传》所说,无咎就是讲善于补过。

〔第九章〕夫乾,天下之至健也,德行恒易以知险;夫坤,天下之至顺也,德行恒简以知阻。能说诸心,能研诸侯之虑①,定天下之吉凶,成天下之亹亹者②。是故变化云为,吉事有祥;象事知器,占事知来。天地设位,圣人成能。人谋鬼谋③,百姓与能。八卦以象告,爻彖以情言。刚柔杂居,而吉凶可见矣。变动以利言,吉凶以情迁。是故爱恶相攻而吉凶生④,远近相取而悔吝生⑤,情伪相感而利害生⑥。凡易之情,近而不相得则凶⑦。或害之⑧,悔且吝。将叛者,其辞惭;中心疑者,其辞枝;吉人之辞寡,躁人之辞多;诬善之人,其辞游;失其守者,其辞屈。

[译]

　　这个乾,是天下最刚健的象征,它的德行是永久平易,却告人以险难之事;这个坤,是天下最柔顺的象征,它的德行是永久简约,却告人以阻塞之事。因此,能悦人之心,能解人之虑,断定天下的吉凶,促使天下之人勤勉不息。所以,遵循《易经》的变化之道有所作为,吉祥的事物就会出现;观察卦爻的象征,就能知晓制器的方法;占问事情的吉凶,就能预知未来的结果。天地各居上下之位,圣人成就其化育万物的功能。圣人谋划,利用卜筮,百姓赞助他们的行动。八卦用卦画形象告示,卦爻辞把事物的状况变成言语。刚柔二爻杂居于一卦之中,或吉或凶也就显现出来了。爻象的变动用利害来说明,吉凶的判断随情况而变

迁。所以或相爱或相恶彼此排斥,或吉利或凶险就由此发生;或
远应或临近相互取舍,或悔恨或羞辱就由此发生;或诚实或虚伪
相互感应,或有利或有害就由此发生。凡是易所说的情况,相互
接近却不相友好就必定凶险。或者受到伤害,也难免悔恨和羞
辱。将要背叛的人,他的言语惭愧不安;内心疑惑的人,他的言
语分歧散乱;吉祥的人言语少,浮躁的人话语多;诬蔑好人的人,
他的言语游移不定;失去操守的人,他的言语吞吞吐吐。

[注]

① 朱熹《周易本义》认为,"侯之"二字是后人误加的。

② 亹亹,勉勉,即勤勉不息之意。

③ 人谋鬼谋,按王夫之《周易内传》所说,将四十九根蓍草依
一定的程序四营十八变,求得卦象,这是人谋;任意分而为
二,多少出于无心,最后求得什么卦象,也非人力所能安
排,属于鬼谋。

④ 爱恶,指刚柔爻象相互配合或相互敌对。相攻,即相互
排斥。

⑤ 远,指上下卦爻位相互对应。近,指爻位相临近。相取,即
互相资取。如果取舍不当,如刚柔不相应,或柔爻乘骑刚
爻,则生悔吝。

⑥ 情伪即诚伪,表示刚柔的对立。

⑦ 此句是对前三句的概括说明,所以此"近"字不仅指临近,
凡有相比相应关系可以相互交接的两爻,都可以算作近。
不相得,互相不友好、不佩服,甚至互相敌视。

⑧ 或害之,指爻象之间虽然配合得当,本应吉利,但由于其它
爻象加以干涉,仍有悔恨。

《说卦传》今译

昔者圣人之作易也，幽赞于神明而生蓍，参天两地而倚数，观变于阴阳而立卦，发挥于刚柔而生爻，和顺于道德而理于义，穷理尽性以至于命。

昔者圣人之作易也，将以顺性命之理。是以立天之道，曰阴与阳；立地之道，曰柔与刚；立人之道，曰仁与义。兼三才而两之，故易六画而成卦；分阴分阳，迭用柔刚，故易六位而成章。

天地定位，山泽通气，雷风相薄，水火不相射，八卦相错。数往者顺，知来者逆，是故易，逆数也。

[译]

古代圣人创作《易经》的时候，为协助冥冥之中的神明而使用蓍草，以奇为天以偶为地用数进行推演，观察了阴阳的变化而建立了卦象，发挥刚强和柔弱的意义确定了爻位，用道德来和睦顺从而用义加以治理，穷究物理尽知人性直到通晓天命。

古代圣人创作《易经》的时候，意在顺应人性天命的道理。所以用阴与阳建立了天道，用柔与刚建立了地道，用仁与义建立了人道。包括了天地人三才并且各分为二，所以《易经》六画成为一卦。分成了阴，分成了阳，交替地运用柔和刚，所以《易经》六个爻位成就纹理华章。

天地位置确定，山泽气息相通，雷风互相搏击，水火不互相冲腾，八卦相互错综。回顾以往是顺述，预告未来是逆推，所以《易经》是逆推未来的啊。

雷以动之，风以散之，雨以润之，日以烜之，艮以止之，兑以说之，乾以君之，坤以藏之。

[译]

雷用来发动，风用来驱散，雨用来滋润，日用来温暖，艮用来阻止，兑用来欢悦，乾用来主宰，坤用来收藏。

[注]

乾以君之，四库本认为，应为"乾以居之"。

帝出乎震，齐乎巽，相见乎离，致役乎坤，说言乎兑，战乎乾，劳乎坎，成言乎艮。万物出乎震，震，东方也。齐乎巽，巽，东南也。

[译]

上帝出于震地，洁斋于巽，相见于离，争取奉养而辛苦于坤，欢言于兑，争战于乾，勤劳于坎，有所成就则在于艮。万物都从震生出，震，位于东方。洁斋于巽，巽，位于东南。

齐也者，言万物之絜齐也。离也者，明也，万物皆相见，南方之卦也；圣人南面而听天下，向明而治，盖取诸此也。坤也者，地也，万物皆致养焉，故曰"致役乎坤"。兑，正秋也，万物之所说也，故曰"说言乎兑"。"战乎乾"，乾，西北之卦也，言阴阳相薄也。坎者，水也，正北方之卦也；劳卦也，万物之所归也，故曰"劳乎坎"。艮，东北之卦也，万物之所成终而所成始也，故曰"成言乎艮"。

[译]

齐吗，说的是万物洁净斋戒。离吗，明的象征，万物都相见，这是标志南方的卦；圣人面对南方听取臣子们的奏议，向着光明

进行治理,采取的就是这样的意义。坤吗,大地的象征,万物都
要向大地争取奉养,所以说"争取奉养而辛苦于坤"。兑,标志
着正是秋天,万物都欢悦的季节,所以说"欢言于兑"。"争战于
乾",乾,标志西北的卦,说的是阴阳互相搏击。坎,水的象征,正
北方的卦;勤劳的卦,万物所归向的地方,所以说"勤劳于坎"。
艮,标志东北的卦,这是万物终结也是万物开始的地方,所以说
"有所成就则在于艮"。

　　神也者,妙万物而为言者也。动万物者莫疾乎雷,桡
万物者莫疾乎风,燥万物者莫熯乎火,说万物者莫说乎泽,
润万物者莫润乎水,终万物始万物者莫盛乎艮。故水火相
逮,雷风不相悖,山泽通气,然后能变化,既成万物也。
[译]
　　神吗,指的是那能使万物奇妙的东西。发动万物的没有比
雷更厉害的,屈折万物的没有比风更厉害的,干燥万物的都比不
上火的灼热,欢悦万物的都比不过池泽的可乐,滋润万物的都比
不上水的滋润,使万物终结使万物开始的都比不上艮的强盛。
所以水与火互相接触,雷与风不相违背,山泽气息相通,然后能
够发生变化,成就万物。

　　乾,健也;坤,顺也;震,动也;巽,入也;坎,陷也;离,丽
也;艮,止也;兑,说也。
[译]
　　乾,就是刚健;坤,就是温顺;震,就是震动;巽,就是进入;
坎,就是陷落;离,就是附丽;艮,就是停止;兑,就是欢悦。

乾为马,坤为牛,震为龙,巽为鸡,坎为豕,离为雉,艮为狗,兑为羊。

[译]

乾象征马,坤象征牛,震象征龙,巽象征鸡,坎象征猪,离象征雉,艮象征狗,兑象征羊。

[注]

艮为狗,四库本认为,应为"艮为拘"。

乾为首,坤为腹,震为足,巽为股,坎为耳,离为目,艮为手,兑为口。

[译]

乾象征首,坤象征腹,震象征足,巽象征股,坎象征耳,离象征目,艮象征手,兑象征口。

乾,天也,故称乎父;坤,地也,故称乎母。震一索而得男,故谓之长男;巽一索而得女,故谓之长女;坎再索而得男,故谓之中男;离再索而得女,故谓之中女;艮三索而得男,故谓之少男;兑三索而得女,故谓之少女。

[译]

乾就是天,所以称为父;坤就是地,所以称为母。震,是(乾坤)第一次追求而得到的男孩,所以称为长男。巽,是第一次追求而得到的女孩,所以称为长女。坎,是再一次追求得到的男孩,所以称为中男。离,是再一次追求而得到的女孩,所以称为中女。艮,是第三次追求而得到的男孩,所以称为少男。兑,是第三次追求而得到的女孩,所以称为少女。

乾为天,为圜,为君,为父,为玉,为金,为寒,为冰,为大赤,为良马,为老马,为瘠马,为驳马,为木果。
[译]

乾,象征天,象征圜,象征君,象征父,象征玉,象征金,象征寒,象征冰,象征大红色,象征良马,象征老马,象征瘦马,象征花马,象征木果。

坤为地,为母,为布,为釜,为吝啬,为均,为子母牛,为大舆,为文,为众,为柄。其于地也为黑。
[译]

坤象征地,象征母,象征布,象征饭锅,象征吝啬,象征均衡,象征怀孕母牛,象征大车,象征文化,象征众人,象征把手。对于地则象征黑色。

震为雷,为龙,为玄黄,为敷,为大涂,为长子,为决躁,为苍筤竹,为萑苇。其于马也为善鸣,为馵足,为作足,为的颡。其于稼也为反生。其究为健,为蕃鲜。
[译]

震象征雷,象征龙,象征暗黄色,象征花朵,象征大路,象征长子,象征急躁,象征苍筤竹,象征萑苇。对于马象征善于鸣叫,象征后足为白,象征足力强健,象征白额。对于庄稼象征顶壳幼芽。它终究是象征茂盛,象征鲜嫩。

巽为木,为风,为长女,为绳直,为工,为白,为长,为高,为进退,为不果,为臭。其于人也为寡发,为广颡,为多白眼,为近利市三倍。其究为躁卦。

[译]

　　巽象征木,象征风,象征长女,象征木工划线,象征工匠,象征白色,象征长,象征高,象征进退,象征不果断,象征气味。对于人象征头发稀疏,象征额头宽,象征眼白多,象征近于三倍的商业利润。它终究是象征浮躁的卦。

　　坎为水,为沟渎,为隐伏,为矫𫐓,为弓轮。其于人也为加忧,为心病,为耳痛,为血卦,为赤。其于马也为美脊,为亟心,为下首,为薄蹄,为曳。其于舆也为多眚。为通,为月,为盗。其于木也为坚多心。

[译]

　　坎象征水,象征沟渎,象征隐蔽伏藏,象征矫直揉曲,象征弓和车轮。对于人象征着加倍忧愁,象征心病,象征耳痛,是象征血的卦,象征红色。对于马象征着脊背优美,象征性急,象征低头,象征薄蹄,象征拖曳。对于车来说象征多事故。象征通畅,象征月亮,象征盗贼。对于木材象征坚硬、丛生多心。

　　离为火,为日,为电,为中女,为甲胄,为戈兵。其于人也为大腹。为干卦。为鳖,为蟹,为蠃,为蚌,为龟。其于木也为科上槁。

[译]

　　离象征火,象征太阳,象征雷电,象征中女,象征甲胄,象征戈矛武器。对于人象征大肚子。是象征干燥的卦。象征甲鱼,象征螃蟹,象征螺,象征蚌,象征龟。对于木材象征树上枯枝。

　　艮为山,为径路,为小石,为门阙,为果蓏,为阍寺,为指,为狗,为鼠,为黔喙之属。其于木也为坚多节。

[译]

艮象征山,象征小路,象征小石头,象征门阙,象征草木果实,象征宦者,象征手指,象征狗,象征鼠,象征黑嘴巴之类。对于木材象征坚硬多节。

兑为泽,为少女,为巫,为口舌,为毁折,为附决。其于地也为刚卤。为妾,为羊。

[译]

兑象征沼泽,象征少女,象征巫,象征流言飞语,象征毁坏和折断,象征依附他人做决断。对于土地象征坚硬的盐碱地。象征妾,象征羊。

《序卦传》今译

有天地,然后万物生焉。盈天地之间者唯万物,故受之以屯;屯者盈也,屯者物之始生也。物生必蒙,故受之以蒙;蒙者蒙也,物之稚也。物稚不可不养也,故受之以需;需者饮食之道也。饮食必有讼,故受之以讼。讼必有众起,故受之以师;师者众也。

[译]

有了天地,然后万物发生。充满天地之间的都是万物,所以接续的是屯。屯,就是充满的意思。屯,就是物的开始发生。物开始发生必然蒙昧,所以接续的是蒙。蒙,就是蒙昧,是物的幼稚。幼稚不能不加养育,所以由需接续。需,是获得饮食的手段。饮食就一定会有争执,所以由讼接续。讼一定有众人参加,所以由师接续。师，就是众多的意思。

　　众必有所比，故受之以比；比者比也，比必有所畜，故受之以小畜。物畜然后有礼，故受之以履。履而泰然后安，故受之以泰，泰者通也。物不可以终通，故受之以否。物不可以终否，故受之以同人。与人同者，物必归焉，故受之以大有。

[译]

　　人众多必定会拉帮结伙，所以由比接续。比，就是朋比结党。比，一定要有所积蓄，所以由小畜接续。物有所积蓄然后会有礼仪，所以由履接续。履行通畅然后安宁，所以由泰接续。泰就是通畅。事物不可能总是通畅，所以由否接续。事物不可能总是阻塞，所以由同人接续。和人相同的，众人必然拥护，所以由大有接续。

　　有大者，不可以盈，故受之以谦。有大而能谦必豫，故受之以豫。豫必有随，故受之以随。以喜随人者必有事，故受之以蛊；蛊者事也。有事而后可大，故受之以临；临者大也。物大然后可观，故受之以观。可观而后有所合，故受之以噬嗑；嗑者合也。

[译]

　　拥有而且丰富，不可以充满，所以由谦来接续。拥有丰富又能谦让必然安逸喜悦，所以由豫接续。安逸喜悦一定要有后继，所以由随接续。因为喜悦安逸而追随他人就一定要做事，所以由蛊接续。蛊，就是有事要做。有事做然后可以壮大，所以由临接续。临，就是大。事物壮大然后可供观赏，所以由观接续。可以观赏然后会有所相合,所以由噬嗑接续。嗑,就是相合。

物不可以苟合而已,故受之以贲;贲者饰也。致饰然后亨则尽矣,故受之以剥;剥者剥也。物不可以终尽,剥穷上反下,故受之以复。复则不妄矣,故受之以无妄。有无妄然后可畜,故受之以大畜。物畜然后可养,故受之以颐;颐者养也。

[译]

事物不可以随随便便的合作,所以由贲接续。贲,就是装饰。从事装饰然后亨通就到了尽头,所以由剥接续。剥,就是剥落。事物也不可能总是处于尽头,剥落完上头就到了下头,所以由复接续。复就是不虚妄,所以由无妄接续。有了不虚妄然后可以积蓄,所以由大畜接续。事物积蓄之后可以保养,所以由颐接续。颐,就是保养。

不养则不可动,故受之以大过。物不可以终过,故受之以坎;坎者陷也。陷必有所丽,故受之以离;离者丽也。

[译]

不保养就不可以行动,所以由大过接续。事物不可以总是通过,所以由坎接续。坎,就是陷落。陷落必定有所附着,所以由离接续。离,就是附着。

有天地,然后有万物;有万物,然后有男女;有男女,然后有夫妇;有夫妇,然后有父子;有父子,然后有君臣;有君臣,然后有上下;有上下,然后礼义有所错。夫妇之道不可以不久也,故受之以恒;恒者久也。

[译]

　　有了天地,然后有万物。有了万物,然后有男女。有了男女,然后有夫妇。有了夫妇,然后有父子。有了父子,然后有君臣。有了君臣,然后有上级下级。有了上级下级,然后礼仪就可以操作。做夫妇的道理是不可以不长久的,所以由恒接续。恒,就是长久。

　　物不可以久居其所,故受之以遁;遁者退也。物不可以终遁,故受之以大壮。物不可以终壮,故受之以晋;晋者进也。进必有所伤,故受之以明夷;夷者伤也。伤于外者必反其家,故受之以家人。家道穷必乖,故受之以睽;睽者乖也。

[译]

　　事物不可以长久地居住在自己的处所,所以由遁接续。遁,就是退却。事物不会总是退却,所以由大壮接续。事物不可能总是强壮,所以由晋接续。晋,就是前进。前进一定会受伤害,所以由明夷接续。夷,就是受伤。在外面受了伤就一定要返回自己的家,所以由家人接续。家庭关系处理不好一定会离心离德,所以由睽接续。睽,就是翻脸。

　　乖必有难,故受之以蹇;蹇者难也。物不可以终难,故受之以解;解者缓也。缓必有所失,故受之以损。损而不已必益,故受之以益。益而不已必决,故受之以夬。夬者决也。决必有所遇,故受之以姤;姤者遇也。物相遇而后聚,故受之以萃;萃者聚也。

[译]

　　离心离德必定会有灾难,所以由蹇接续。蹇,就是艰难。事物不可能总是艰难,所以由解接续。解,就是缓解。缓解一定会有损失,所以由损接续。损减而不停止必然得益,所以由益接续。增益而不停止必然溃决,所以由夬接续。夬,就是溃决。溃决必然会有所遭遇,所以由姤接续。姤,就是遭遇。事物相遇然后就会聚集,所以由萃接续。萃,就是积聚。

聚而上者谓之升,故受之以升。升而不已必困,故受之以困。困乎上者必反下,故受之以井。井道不可不革,故受之以革。革物者莫若鼎,故受之以鼎。主器者莫若长子,故受之以震;震者动也。物不可以终动,止之,故受之以艮;艮者止也。

[译]

堆集向上就是升,所以由升接续。上升而不停止必然窘困,所以由困接续。在上窘困必然返回下面,所以由井接续。井的道理是不可以不变革,所以由革接续。变革事物的都不如鼎,所以由鼎接续。主持大计的都不如长子,所以由震接续。震,就是震动。事物不可能总是震动,阻止它,所以由艮接续。艮,就是停止。

物不可以终止,故受之以渐;渐者进也。进必有所归,故受之以归妹。得其所归者必大,故受之以丰;丰者大也。穷大者必失其居,故受之以旅。旅而无所容,故受之以巽;巽者入也。入而后说之,故受之以兑;兑者说也。

[译]

事物不可能总是停止,所以由渐接续。渐,就是向前。向前必然有所归宿,所以由归妹接续。得到自己归宿必然盛大,所以由丰接续。丰,就是盛大。大到极点必然丧失处所,所以由旅接续。旅行而无处容身,所以由巽接续。巽,就是进入。进入以后就喜悦,所以由兑接续。兑,就是喜悦。

说而后散之,故受之以涣;涣者离也。物不可以终离,故受之以节。节而信之,故受之以中孚。有其信者必行之,故受之以小过。有过物者必济,故受之以既济。物不可穷也,故受之以未济终焉。

[译]

喜悦以后就会解散,所以由涣接续。涣就是分离。事物不可能总是分离,所以由节接续。节制并且保守信用,所以由中孚接续。有信用的必然实行,所以由小过接续。有过人之处者必然获得成功,所以由既济接续。事物不可能穷尽,所以接续到未济而终结。

《杂卦传》今译

乾刚坤柔,比乐师忧;临观之义,或与或求。屯见而不失其居,蒙杂而著。

[译]

乾卦刚强坤卦温柔,比卦快乐师卦忧愁。临卦观卦的意思,一是交好一是追求。屯卦出现而不失去居所,蒙卦幼稚而显著。

[注]

蒙杂,四库本认为,应作“蒙稚”。

震,起也;艮,止也。损、益,盛衰之始也。大畜,时也;

无妄,灾也。萃聚而升不来也,谦轻而豫怠也。噬嗑,食也;贲,无色也。兑见而巽伏也。随,无故也;蛊,则饬也。

[译]

震,是兴起。艮,是停止。损和益,是盛衰的开始。大畜,要有时机。无妄,说的是灾难。萃卦集聚而升卦是不来,谦卦轻松而豫卦懈怠。噬嗑,是饮食。贲卦,没有颜色。兑是显现而巽是伏藏。随,没有原因。蛊,则是修饬。

剥,烂也;复,反也。晋,昼也;明夷,诛也。井通而困相遇也。咸,速也;恒,久也。涣,离也;节,止也。解,缓也;蹇,难也。

[译]

剥,是腐烂。复,是返回。晋,是白天。明夷,是诛杀。井是相通而困是相遇。咸,是迅速。恒,是持久。涣,是分离。节,是休止。解,是缓解。蹇,是困难。

睽,外也;家人,内也。否、泰,反其类也。大壮则止,遁则退也。大有,众也;同人,亲也。革,去故也;鼎,取新也。小过,过也;中孚,信也。

[译]

睽,是外部。家人,是内部。否、泰,是相反的两类事。大壮就要停止,遁就是退却。大有,是众人。同人,是亲爱。革,是去除故物。鼎,是接受新事。小过,是超过。中孚,是诚信。

丰,多故也;亲寡,旅也。离上而坎下也。小畜,寡也;履,不处也。需,不进也;讼,不亲也。大过,颠也。

[译]

　　丰,是多灾多难。亲属寡少,是旅。离在下而坎在下。小畜,是寡少。履,是不安于位。需,是不再前进。讼,是不亲爱。大过,是过错的顶端。

　　姤,遇也,柔遇刚也。渐,女归待男行也。颐,养正也;既济,定也。归妹,女之终也;未济,男之穷也。夬,决也,刚决柔也;君子道长,小人道忧也。

[译]

　　姤,是相遇,柔弱遇到了刚强。渐,女子归来等待男子出行。颐,是保养正气。既济,是安定。归妹,是女子的最终归宿。未济,是男子的穷途末路。夬,是处决,刚强处决柔弱。君子之道增长,小人之道忧愁啊。

再版后记

　　本书原由湖南教育出版社于 2004 年出版,再版时由李申进行修订,并参考《四库全书》本订正了一些文字,根据任继愈先生在世时的建议改正了《译者说明》和译文中的一些不准确处。

　　本书的撰写,源于东方国际易学研究院院长朱伯崑先生的设想。书成以后,朱先生慨然赐序,任继愈先生亲切题签。如今斯人已逝,愿借再版之际表达深切怀念与敬仰之情。

李申　2015.11.22